VI

NOTES ET DOCUMENTS

SUR QUELQUES

FAIENCERIES DU PÉRIGORD

DU XVIIIe SIÈCLE

(BERGERAC, THIVIERS, LE BUGUE, LE FLEIX)

PAR

Ern. LABADIE,

MEMBRE DE LA SOCIÉTÉ HISTORIQUE ET ARCHÉOLOGIQUE DU PÉRIGORD

Ouvrage contenant deux planches en couleurs et deux plans.

PÉRIGUEUX

IMPRIMERIE RIBES, RUE ANTOINE-GADAUD

1910

NOTES ET DOCUMENTS

SUR QUELQUES

FAIENCERIES DU PÉRIGORD

DU XVIIIᵉ SIÈCLE

(BERGERAC, THIVIERS, LE BUGUE, LE FLEIX)

DOCUMENTS POUR SERVIR A L'HISTOIRE DE LA CÉRAMIQUE

Dans le Sud-Ouest de la France.

VI

NOTES ET DOCUMENTS

SUR QUELQUES

FAIENCERIES DU PÉRIGORD

DU XVIIIᵉ SIÈCLE

(BERGERAC, THIVIERS, LE BUGUE, LE FLEIX)

PAR

Ern. LABADIE,

MEMBRE DE LA SOCIÉTÉ HISTORIQUE ET ARCHÉOLOGIQUE DU PÉRIGORD

Ouvrage contenant deux planches en couleurs et deux plans.

PÉRIGUEUX

IMPRIMERIE RIBES, RUE ANTOINE-GADAUD

1910

(Extrait du *Bulletin Historique et Archéologique du Périgord*)

Tiré à cinquante exemplaires.

NOTES ET DOCUMENTS

SUR QUELQUES

FAÏENCERIES DU PÉRIGORD

DU XVIIIe SIÈCLE

(BERGERAC, THIVIERS, LE BUGUE, LE FLEIX)

Les faïenceries françaises de second ordre du xviiie siècle sont peu connues, et leurs produits, qui ne sont pas sans intérêt au point de vue de l'histoire des arts et manufactures à cette époque, sont presque ignorés des collectionneurs céramistes et sont très difficiles à identifier, la plupart n'ayant aucune marque qui puisse les faire reconnaître.

Pour ne parler que du Sud-Ouest de la France, il y a eu dans cette région au xviiie siècle de nombreuses faïenceries, on peut même dire que chaque localité un peu importante avait la sienne dans la seconde moitié de ce siècle ; mais on chercherait vainement des renseignements historiques sur ces fabriques dans les grands ouvrages qui traitent de l'histoire générale de la céramique, comme ceux de Brongniart, Jacquemart, Demmin, Garnier, Ris-Paquot (1), pour ne citer

---

(1) ALEX. BRONGNIART, *Traité des arts céramiques... 3e édition*, Paris, 1877, 2 vol. in-8° et atlas. — A. JACQUEMART, *Les Merveilles de la Céramique...* Paris, 1866-1869, 3 vol. in-18. — LE MÊME, *Histoire de la Céramique...* 1873, gr. in-8°. — AUG. DEMMIN, *Guide de l'amateur de faïences et de porcelaines...* Paris, 1873, 3 vol. in-18. — ED. GARNIER, *Histoire de la Céramique...,* Tours, 1882, in-8°. — LE MÊME, *Dictionnaire de la Céramique...,* Paris, s. d., in-8° avec pl. en couleur. — RIS-PAQUOT, *Histoire générale de la faïence ancienne, française et étrangère,* Paris, 1874-1876, 2 vol. in-4°, avec pl. en couleur. — LE MÊME, *Manuel du collectionneur de faïences anciennes...,* Amiens et Paris, 1877-1878, in-8° avec pl. en couleur.

que les meilleurs, et même dans les pays de production, les amateurs et les antiquaires, qui sont très nombreux de nos jours, mais qui manquent généralement de connaissances spéciales, ne s'occupent guère que de courir après le merle blanc, la pièce rare, la bonne affaire, ne peuvent vous donner aucun détail sur les ateliers céramiques de leur région; ils vous présentent du Bergerac, du Sainte-Foy, du Bordeaux ou du Samadet, avec toutes garanties et parfois même avec conviction; mais il leur est impossible de justifier leur attribution, ils confondent la plupart du temps ces différents produits qui n'ont aucune marque spéciale et dont l'identification, nous le répétons, est souvent très difficile.

Quant à nos musées régionaux, où l'on devrait pouvoir trouver des spécimens variés de faïences de fabrication locale afin d'être à même de les étudier, ils sont généralement très pauvres sous ce rapport, les conservateurs de ces dépôts publics, dont les connaissances en céramique sont presque toujours très bornées, n'attachent que peu d'importance à ces produits de l'art du potier qu'ils ne peuvent identifier et qu'ils laissent de côté; ils se contentent de décorer les murs de leurs musées de quelques plats hispano-moresques, de Palissy ou de Rouen, faux la plupart du temps, car on sait combien il est difficile de se procurer dans ce genre des pièces authentiques. Nous avons visité, il y a quelque temps, tous nos musées du Sud-Ouest, de La Rochelle à Montpellier, ceux de Saintes, Angoulême, Cognac, Périgueux, Bordeaux, Agen, Montauban, Dax, Pau, Bayonne, Toulouse, Carcassonne et Narbonne; nous avons donné un compte-rendu sommaire de ce voyage d'exploration dans nos *Notes et Documents sur quelques faïenceries de la Gascogne au* XVIIIe *siècle* (1) et nous avons dû constater que, sauf celui de Narbonne où se trouve une très belle collection de faïences très bien classées, les musées des autres villes sont dépourvus des produits de notre céramique régionale. Les conservateurs préfèrent encombrer leurs vitrines de silex préhistoriques plus ou moins taillés et et de tessons informes de poterie gallo-romaine, objets

---

(1) *Revue de Gascogne*, numéro de septembre-octobre 1907.

bizarres qui donnent à ces savants un air de profonde érudition, mais devant lesquels le public passe rapidement indifférent ou avec un sourire d'incrédulité.

C'est en présence de l'ignorance des archéologues et de la pauvreté de nos musées sous ce rapport, que certains collectionneurs plus érudits que d'autres se sont livrés à des recherches au sujet des ateliers céramiques de la contrée du Sud-Ouest, et quelques bonnes notices ont déjà paru sur les fabriques de Montauban, Bordeaux, La Rochelle, Saintes, Samadet en Chalosse, Agen, Auch, Angoulême et Cognac (1). Nous même, en compulsant les papiers des archives publiques, à la recherche de documents sur les anciennes faïenceries bordelaises dont nous comptons écrire un jour l'histoire, nous avons rencontré de nombreuses pièces concernant des ateliers du Sud-Ouest inconnus jusqu'à présent, et grâce à ces pièces d'archives, nous avons pu déjà signaler des faïenceries qui n'avaient jamais été citées, comme celles de Bayonne, de Saint-Maurice et de Ligardes pour la Gascogne, celles de

(1) Ed. FORESTIÉ, *Les anciennes faïences de Montauban, Ardus, Négrepelisse, Auvillars*, Montauban, 1876, in-8°. — D' AZAM, *Les anciennes faïences de Bordeaux*, Bordeaux, 1877, in-8°, avec pl. en couleur. — EUG. LABADIE, *Lettres sur la Céramique : Correspondance de Jacques Hustin, faïencier bordelais (1715-1720)*, Bordeaux, 1904, in-8°. — G. MUSSET, *Les faïenceries rochelaises*, La Rochelle, 1888, in-4°, pl. color. — Ch. DANGIBEAUD, *Notes sur les potiers, faïenciers et verriers de la Saintonge* (Recueil de la Commission des arts et monuments historiques de la Charente-Inférieure, t. VII (1884), *passim*). — D' SORBETS, *Faïences de Samadet* (*Landes*), Bull. de la Société Borda, Dax, t. XX (1896), p. 61-79. — PICOT, *La faïence de Samadet*, Bull. de la Soc. des sciences et arts de Pau, t. XX (1890-1891), p. 387-392. — PAUL LAFOND, *La manufacture royale de faïence de Samadet*, Réunion des Sociétés savantes des Beaux-Arts des départements, 1900, p. 243-272. — D' L. SENTEX, *La faïencerie de Samadet* (*Landes*), 1732-1840, Dax, 1903, in-8°. — G. SABATIER, *Les anciennes faïences de l'Agenais : Moncaut, Laplume*, Revue de l'Agenais, 1897. — CALCAT, *Faïencerie d'Auch*, Revue de Gascogne, 1898, p. 379-385. — RIS-PAQUOT, *Documents inédits sur les faïenceries charentaises*, Paris, 1878, in-8°, pl. en coul. — E. BIAIS, *Notes sur les faïences d'Angoulême et de Cognac* (XVIII°-XIX° siècles), Réunion des Sociétés des Beaux-Arts des départements, 1894, p. 283-306. — F. DE LACROIX, *Les anciennes faïenceries de Cognac, Châteauneuf et Gardépec*, Cognac, s. d. (1904), in-8°.

Sainte-Foy, de Monsempron et de Nérac pour l'Agenais, celles de Bazas et de Meilhan pour le Bazadais et celles de Libourne, Fronsac et Lussac, en publiant le résultat de nos découvertes dans des périodiques de la région (1).

On n'a encore presque rien écrit sur les faïenceries du Périgord et de tous les produits céramiques du Sud-Ouest, ceux de cette ancienne province sont les moins connus. Tout dernièrement il a été question des faïences périgourdines à la Société historique et archéologique du Périgord, et les deux membres, qui ont fait des communications à ce sujet, ont tous deux fait remarquer que l'industrie céramique du pays est presque ignorée, que les vieilles faïences périgourdines sont très rares et qu'on n'a pu encore les identifier d'une manière précise (2).

Pourtant dans les papiers d'archives que nous avons dépouillés, nous avons trouvé trace de six faïenceries périgourdines au XVIIIe siècle, trois pour Bergerac et trois autres pour Le Fleix, Thiviers et Le Bugue, et c'est après avoir lu les communications des membres de la Société du Périgord que nous avons compris que le moment était venu de publier tout ce que nous avions découvert sur ces fabriques, pour faire connaître à ces érudits les documents que nous avons trouvés et les mettre à même de s'en servir pour continuer leurs recherches sur l'histoire de la faïence du Périgord.

I. — Faïenceries de Bergerac.

Pour beaucoup d'amateurs et même pour certains écrivains céramistes dont les ouvrages font autorité, les faïences ou plutôt la faïence de Bergerac, car ils n'en ont connu qu'une seule, caractérise la céramique périgourdine ; ces érudits ne se doutent pas qu'il y a eu dans la seconde moitié du XVIIIe siècle trois faïenceries à Bergerac et trois autres ateliers au

---

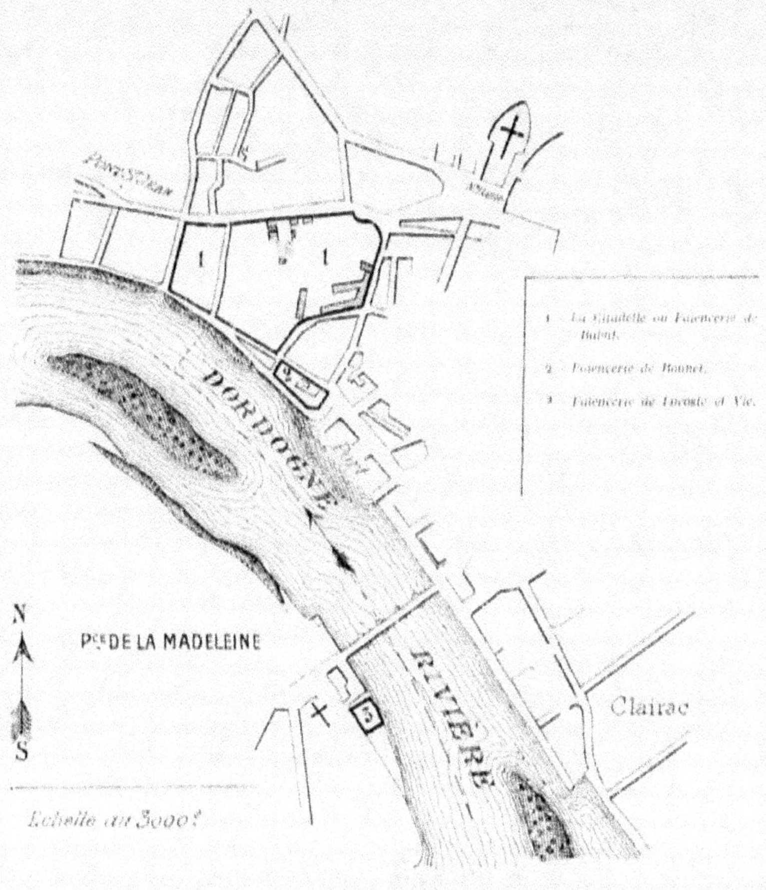

PLAN GÉOMÉTRAL DE LA PARTIE DE LA VILLE DE BERGERAC
OU SE TROUVAIENT
LES TROIS FAÏENCERIES AU XVIIIe SIÈCLE

Relevé sur le plan moderne, dessiné et gravé
par Rigaud, géographe.

— 9 —

moins dans différentes localités de cette ancienne province ;
et comme il est probable que chacun de ces établissements a
fabriqué des produits différents et même que chacun a varié
la décoration de ces produits, on voit qu'il est très imprudent
de vouloir caractériser les faïences du Périgord par un seul
type ; d'un autre côté, comme les pièces de fabrication courante n'ont pas de marque en général, il est très difficile de
les identifier, c'est-à-dire de les attribuer d'une manière certaine à tel ou tel de ces ateliers.

C'est donc une grosse erreur de vouloir désigner chaque fabrique par un type unique, et lorsque les amateurs parlent des
faïences de Nevers, de Rouen, de Bordeaux ou de Samadet, ils
ignorent la plupart du temps que ces ateliers ont changé très
souvent leur genre de fabrication et que les formes de leurs
produits, leur émail et leur décor surtout ont été très variés
selon les époques et selon les types créés par ces fabriques.

Ainsi, pour ne citer que les faïences de Bordeaux qu'on
rencontre dans toute la région du Sud-Ouest, parce que la
production des fabricants bordelais a été très abondante au
XVIII⁰ siècle et que la capitale de la Guyenne était le centre
principal où toute cette contrée venait s'approvisionner ; ces
faïences bordelaises, que nous avons étudiées d'une manière
spéciale, se distinguent par cette particularité bien connue de
certains amateurs que la couleur rouge est toujours absente
et a été remplacée par du violet, violet manganèse, comme
disent les collectionneurs qui veulent paraître avoir des
connaissances techniques en céramique, et chaque fois
qu'un amateur aperçoit une pièce de faïence où le violet
domine dans le décor, il n'hésite pas à l'attribuer aux ateliers
bordelais, pour lui c'est du Bordeaux. Or, à Montpellier, où
la fabrication remonte vers le milieu du XVII⁰ siècle, à Samadet, à Nevers, on n'a jamais employé le rouge dans le décor ;
on l'a remplacé par le violet manganèse, qui se retrouve
encore dans les faïences des Charentes, du Bas-Quercy et
même dans celles de Moustiers (1).

____

(1) On peut consulter sur les faïences de Moustiers le bel ouvrage de l'abbé
Requin *Histoire de la faïence artistique de Moustiers*, t. 1, Paris, 1903,
in-4°, pl. color., dont on attend le second volume avec impatience.

Il est donc très facile de confondre toutes ces faïences entre elles si on n'en a pas fait une étude spéciale. Nous avons dans notre collection plus de cinq cents pièces de fabrication bordelaise et on y trouve plus de deux cents types différents provenant de divers ateliers ou fabriqués à plusieurs époques, depuis le commencement du XVIIIᵉ siècle jusqu'à la Révolution. On voit donc qu'on ne peut pas dire que Bordeaux n'a produit qu'un seul genre de faïence.

Il doit en être de même pour Bergerac. On a voulu caractériser les produits céramiques de cette ville, en écrivant que ces faïences étaient une imitation de celles de Strasbourg, avec un décor se composant généralement d'oiseaux et où le rose domine. Nous croyons que les pièces de ce genre qu'on a pu voir sont une exception et que dans les trois fabriques, qui ont existé à Bergerac dès 1765, on a fait surtout du commun comme dans toutes les petites faïenceries provinciales de cette époque qui, ne pouvant produire des marchandises de belle qualité comme celles de Rouen, de Strasbourg, de Moustiers ou de Marseille, — les fabriques de Nevers étaient déjà en pleine décadence et ne produisaient elles-mêmes que du commun — se contentaient de fabriquer de la faïence courante et bon marché pour les besoins du pays.

Mais ce qu'il y a de sûr, c'est qu'il y avait à Bergerac avant la Révolution trois fabriques, et les écrivains, qui ont parlé des faïences périgourdines, n'ont pas connu ces trois ateliers. On peut trouver dans les Almanachs du temps, comme celui de Gournay (1) ou dans des dictionnaires géographiques, comme celui de Prud'homme (2), une faïencerie signalée à Bergerac : la liste de Glot datée de 1790 (3) indique deux fabriques pour cette ville sans donner les noms des faïen-

---

(1) *Almanach général des marchands, négociants, armateurs*, etc., 1788 et suiv., in-16. Ce périodique est l'origine du célèbre Almanach Bottin, malheureusement il ne se trouve que dans très peu de bibliothèques publiques.

(2) *Dictionnaire universel, géographique, statistique, historique et politique de la France.* — Paris, 1804, 5 vol. in-4°.

(3) Liste des faïenceries françaises dont les propriétaires adressèrent en 1790 à l'Assemblée nationale une protestation contre le traité de commerce passé en 1786 avec l'Angleterre et qui était très préjudiciable à l'industrie

— 11 —

ciers, et il faut ensuite arriver jusqu'aux écrivains contemporains pour avoir quelques détails sur les faïences dont nous nous occupons.

A. Jacquemart, dont les ouvrages sur l'histoire de la céramique font autorité, qui, à la fin du Second Empire, passait avec les Gasnault, les Dubouché (1) et les Riocreux (2) pour avoir une très haute compétence en matière de céramique, n'a dit dans ses *Merveilles de la Céramique* (1866-1869), et dans son *Histoire de la Céramique* (1875) que quelques mots sur les faïences de Bergerac : « Bergerac (Dordogne), écrit-il dans ces deux ouvrages, faïencerie signalée par Gournay ; celle-ci travaillait encore en 1791. » Et c'est tout. On voit que ce premier auteur a cru qu'il n'y avait qu'une seule fabrique à Bergerac.

A. Demmin dans les trois premières éditions de son *Guide de l'amateur de faïences et porcelaines*, parues de 1861 à 1867, ne parle pas des faïences de Bergerac, mais dans la quatrième et dernière édition (1872) il nous les fait connaître ainsi :

« Bergerac (Dordogne). Faïence à émail stannifère, 1785 à 1793. — Un encrier en faïence, d'un émail blanc, qui laisse à désirer et décoré

---

céramique française. Le mandataire des fabricants était le maire de Sceaux, Glot, faïencier de cette ville. Cette liste est conservée aux Archives de la Nièvre, mais elle ne donne pas les noms des faïenciers.

(1) Jacquemart, Gasnault et Dubouché avaient formé d'importantes collections de faïences et de porcelaines ; ces collections sont aujourd'hui au magnifique musée céramique de Limoges, formé par Dubouché et qui porte son nom. Voy. *Musée céramique A. Dubouché : Catalogue de la collection Jacquemart... par Paul Gasnault*, Paris, 1879, in-8°, et *Musée national Adrien Dubouché de Limoges, musée céramique. Catalogue sommaire.* Limoges, 1901, in-8°.

(2) D. Riocreux était à cette époque conservateur du Musée céramique de Sèvres ; il avait rédigé en 1845, avec A. Brongniart, le directeur de la manufacture, le très beau catalogue du musée *Description méthodique du musée céramique...* in-4°, avec 80 pl. en couleur. Nous connaissons entre les mains d'un amateur de Toulouse une lettre de Riocreux, datée de 1857, dans laquelle il dit qu'on ne connaît pas à Paris la faïence de Moustiers. On voit que depuis cette époque l'histoire de la céramique a fait des progrès, car aujourd'hui les jolies faïences de Moustiers occupent dans tous nos musées une des premières places.

dans le genre des faïences de Strasbourg, au petit feu de réverbère, est marquée : Bonnet de Bergerac (Dordogne). Cet encrier, que l'on avait envoyé à l'exposition de Bordeaux en 1865, a été attribué à Bergerac ; mais je pense qu'il faut accepter cette classification sous toutes réserves, car le nom de Bonnet peut être le nom du propriétaire pour lequel l'encrier a été fait, et non celui d'un potier.

« Ce qui est plus positif, c'est qu'un dictionnaire géographique antérieur à 89 parle d'une fabrique de faïence à Bergerac et qu'un nommé Joliet ou Jolivet est venu acheter l'ancienne fabrique pour en continuer l'exploitation au commencement de ce siècle. Il paraît que la maison qu'il a fait construire existe toujours. M. le docteur Delmas, à Bordeaux, possède des faïences de Bergerac, qui sont d'une qualité commune et décorées au feu de réverbère ; elles ressemblent à celles de Strasbourg où le rose domine, mais se signalant par une teinte violacée dans le blanc de l'émail. La liste des faïenciers pétitionnaires de 1790, conservée aux archives de Nevers, mentionne même deux fabriques de Bergerac ».

Demmin en dit là un peu plus que Jacquemart ; mais outre qu'il ne cite lui aussi qu'une seule faïencerie, il ignorait que le nom de Bonnet était celui du principal fabricant de cette ville. De plus, il donne pour l'origine de la fabrication bergeracoise la date de 1785, alors que nous pourrons établir qu'elle remonte à 1742.

Ris-Paquot, un autre auteur habituellement très documenté, nous apprend ce qui suit dans son *Manuel du collectionneur des faïences anciennes* (1877-1878) :

« Bergerac (Dordogne). Les faïences de Bergerac n'offrent aucun des caractères artistiques que les véritables amateurs recherchent dans les faïences. L'émail en est d'un blanc légèrement violacé, recouvert d'une décoration assez rudimentaire, rappelant le décor du Strasbourg. Un nommé Jolivet fut le directeur de cette fabrique. Un peintre du nom de Chaupin, qui abandonna cette usine en 1765 pour aller travailler dans celle d'Ardus, introduisit à Bergerac les procédés pour faire le jaune obscur ou orangeat. On lui doit aussi différentes pièces polychromes, façon de Rouen. Cette usine, fondée en 1765, cessa de produire en 1793. La liste de Gilet mentionnait cette usine comme fonctionnant encore en 1791. »

Edouard Garnier, l'ancien conservateur du musée de Sèvres,

ne parle pas de Bergerac dans son *Histoire de la Céramique* (1882) ; mais dans son *Dictionnaire de la Céramique*, s. d. (vers 1890), il s'exprime en ces termes :

« Bergerac (Dordogne) possédait en 1750 trois manufactures, dont une, celle de Jean Babut, envoyait ses produits dans les colonies françaises. Le *Dictionnaire Universel de la France*, de Prudhomme, mentionne les faïenceries de Bergerac ; mais nous ne connaissons jusqu'à présent aucune pièce que l'on puisse attribuer avec certitude ; on y aurait fabriqué surtout des faïences assez communes décorées au feu de moufle, à l'imitation de Strasbourg. »

Garnier est le premier auteur qui ait cité trois faïenceries pour Bergerac et qui ait fait connaître le nom de Jean Babut ; mais la date de 1750 qu'il donne pour leur création est erronée, il ne l'appuie d'ailleurs sur aucun document.

La Société des Archives historiques de la Gironde a publié, de 1899 à 1903, dans les tomes 34, 35 et 36 une *Notice de la Généralité de Bordeaux*, ouvrage envoyé au Conseil du Commerce en 1785 par François-de-Paule Latapie, inspecteur des Manufactures en Guyenne, et un *Journal de Tournée* en 1778 du même inspecteur, et dans ces deux rapports, Latapie signale trois faïenceries à Bergerac, et il donne sur celle de Bonnet quelques détails fort intéressants que nous rapporterons dans notre paragraphe sur cette fabrique ; malheureusement l'inspecteur des Manufactures ne fournit aucun renseignement sur les deux autres ateliers, il n'indique même pas les noms de leurs propriétaires.

Enfin à la Société historique et archéologique du Périgord on s'est occupé tout dernièrement, comme nous l'avons déjà dit, de la question des faïences du Périgord, et dans la séance du 28 mai 1906, un de nos confrères, M. Amédée Grenier, du Fleix, fait savoir « qu'on n'a que très peu de renseignements sur cette industrie ; les uns reconnaissent ces faïences (celles de Bergerac) à une couleur jaune chrome foncée, qui domine dans les dessins ; d'autres, au contraire, prétendent posséder des pièces authentiques de multiples couleurs. Il serait bon, dans l'intérêt de cette industrie, d'être fixé... Un sieur Bonnet et après lui sa veuve donnèrent beaucoup d'élan à cette nouvelle industrie de la faïencerie... » (1).

M. Grenier a ignoré que Bergerac avait possédé trois faïenceries, il ne cite que celle de Bonnet.

Dans la séance du 4 octobre 1906 de la même Société, un autre membre, M. Hermann, dit qu'il croit que la faïence de Bergerac a été polychrome et il cite les passages des ouvrages de Demmin et de Garnier que nous avons nous-même reproduits plus haut.

Nous avons cru utile de rapporter ici tout ce qui a été écrit sur les faïences de Bergerac, et, en somme, on voit que jusqu'à présent on ne sait que peu de choses. Et pourtant, il y a eu dans cette ville trois fabriques, qui ont existé depuis au moins 1765 jusqu'à la Révolution, et l'une d'elles depuis 1742, fabriques qui ont dû produire beaucoup, et on s'étonne que ces produits soient rares au point qu'on ne les connaît pas, même dans le pays de production.

On nous demandera comment nous avons pu établir cette date de 1765 pour les trois fabriques bergeracoises et même celle de 1742 pour l'une d'elles. Pour cette dernière, celle de Babut, nous produirons nos preuves dans le paragraphe suivant, et quant aux deux autres, voici le document sur lequel nous nous sommes appuyé.

En 1765, un ancien ouvrier de la faïencerie de Libourne, Michel Dumont, originaire de Toulouse, demande à l'Intendant de Bordeaux que la faïencerie qu'il vient de créer à Fronsac « soit autorisée sans arrêt du Conseil d'Etat *comme les trois manufactures de Bergerac* (2).

D'après cette dernière phrase, il est certain qu'il y a eu à Bergerac trois faïenceries dès 1765, et leur existence est d'autant plus certaine que nous allons maintenant l'établir

---

(1) Voir pour cette communication et celle de M. Hermann, le *Bulletin* de la Société historique et archéologique du Périgord. t. XXXIII (1906), p. 281-83 et 418 et suiv.

(2) Voir la lettre de Dumont à l'Intendant de Bordeaux parmi les documents que nous avons publiés dans le tome XLIII (1908) des *Archives historiques de la Gironde*, sur les faïenceries de Libourne, Fronsac et Lussac.

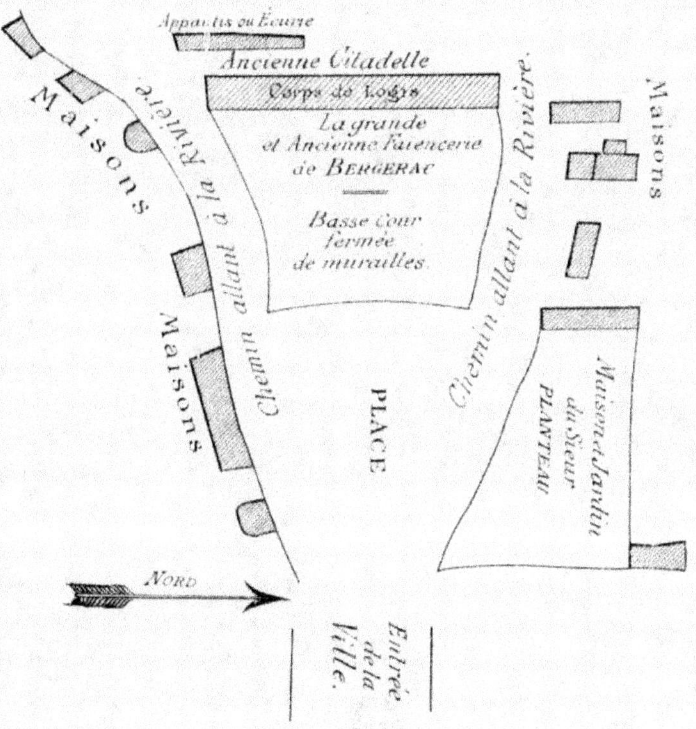

PLAN DU QUARTIER DE LA CITADELLE DE BERGERAC
ET DE LA FAÏENCERIE DE BARUT

dressé par lui-même et annexé à sa lettre du 28 Septembre 1758
adressée à l'Intendant de Bordeaux.

par des documents d'archives authentiques, auxquels nous joindrons quelques notes et commentaires indispensables.

Il ne faut pas s'étonner que Bergerac ait eu trois faïenceries au xviiiᵉ siècle, c'était à cette époque un centre industriel très important, et l'inspecteur des arts et manufactures de la Généralité de Bordeaux, François-de-Paule Latapie, nous apprend, dans le Journal de sa tournée d'inspection de 1778, qu'on comptait dans cette ville quarante maîtres bonnetiers, quatre sergeurs, trente tisserands, sept tanneurs et enfin trois faïenceries « dont celle de Bonnet » ; il n'a pas cherché à connaître les noms des propriétaires des deux autres fabriques. Puis il nous donne la physionomie de la ville, mais d'une manière très poussée au noir. Latapie faisait ses inspections d'une façon un peu superficielle ; il aimait à s'attarder dans les maisons où la table était bonne, et le lieu qu'il avait visité lui paraissait agréable ou monotone, selon que ses digestions y avaient été bonnes ou pénibles.

« Bergerac, écrit-il, a du côté de la Dordogne un air de délabrement qui n'annonce en aucune manière un des lieux de la province où il y a le plus de commerce et d'industrie. On n'a jamais songé à y construire ni quais ni port commode, quoiqu'elle en soit susceptible. Tout, jusqu'au pont, semble y annoncer la pauvreté. Le pont de pierre qui y était, s'étant écroulé il y a environ un siècle, on a fait servir les débris des arches à soutenir un mauvais pont de bois... La citadelle, les murs et les portes de l'ancienne ville ont été détruits... Il n'y a que peu de maisons joliment bâties ; tout le reste est à l'antique. Pas un édifice public. »

On voit que la description est peu flattée ; il est probable que le jour où Latapie écrivit ces lignes, il avait l'estomac malade, car pour le touriste intelligent qui sait voir et observer, sinon pour le fonctionnaire qui considère toujours la tâche à accomplir comme une corvée, Bergerac, par sa situation sur la Dordogne, ne manque pas de pittoresque.

§ 1. — Faïencerie de Jean Babut
(1742-1790).

Nous venons de dire que Jean Babut établit une faïencerie à Bergerac en 1742, et que nous pouvions fixer cette date d'une manière certaine.

Nous croyons devoir reproduire ici les documents qui nous ont permis d'être aussi affirmatif sur l'origine de cette fabrique, d'abord parce qu'ils sont inédits, et ensuite parce qu'à notre avis ils offrent un très grand intérêt, non seulement au point de vue de cette faïencerie elle-même, mais aussi en ce qui concerne l'industrie céramique en général : on y trouvera certains détails techniques qu'on chercherait vainement dans les ouvrages qui traitent de l'histoire de la faïence et des faïenceries. Ces documents intéressent encore, par certaines particularités dans l'ordre administratif et par les noms de certains fonctionnaires ou d'autres personnages, comme par exemple l'évêque de Périgueux, qui s'y trouvent mêlés, l'histoire des arts et manufactures dans notre région du Sud-Ouest.

CERTIFICAT DE LA NOBLESSE DU PÉRIGORD, DE L'ÉVÊQUE DE PÉRIGUEUX ET DES MAIRE ET CONSULS DE BERGERAC, EN FAVEUR DE JEAN BABUT ET DE SA FAIENCERIE (1).

Nous soussignés, certiffions que depuis environ quatre ans que le sieur Jean Babut, bourgeois à Bergerac, a établi une fabrique de fayance, le public en paroit très satisfoit, ce qui nous fait juger qu'elle est nécessaire et de toute utilité tant pour la dite ville de Bergerac que pour les provinces du Bas-Limousin, Haut-Quercy, Périgord, Sarladois ou Agenois, n'y en ayant pas dans toutes ces provinces, et que la seule de Bordeaux en est éloignée de plus de quinze lieues périgourdines, qui sont environ 3600 toises chacune, et qu'elle pourra se soutenir, puisque depuis qu'elle est établie les ouvriers n'y ont pas manqué, et que pour moudre les matières pour cette fabrique, il a fait construire un moulin à eau dans la dite ville, en foy de quoy nous lui avons délivré le présent certifficat que nous avons signé le 27 novembre 1746. Signé : D'Aubusson, Clairmont, Larmandie, Charon, Bertin, Sorbier de L'Espinassas, Deslandes, Pouycontaud, Campaniac, Salignac, Durfort, Ste-Alvère, Bauregard, Depons, St-Exupery, D'Absa, Baugeard, Larigaudie, Catus, Libersac, Brugière, Gontaut, Bazin, Laurière, de Roche, st-Aulaire, St-Extin, Langlade, Laroque, Beaumont, Girard.

---

(1) Cette pièce, comme toutes celles qui vont suivre, est conservée dans les liasses 466 et 1766, série C (Intendance de Bordeaux) des Archives dép. de la Gironde.

Nous certiffions le contenu au présent acte véritable. En foy de quoy nous avons signé, à Périgueux, le 17 octobre 1747.

Signé : † Jean Chérien, Évêque de Périgueux (1).

Ce certificat de la noblesse du Périgord étant du 27 novembre 1746 et faisant savoir que « depuis environ quatre ans que le sieur Jean Babut a établi une fabrique de fayance... » c'est d'après cela que nous avons fixé la date de 1742 pour l'établissement de cet atelier. D'ailleurs les documents qui vont suivre viennent confirmer cette date. Il est toujours intéressant de pouvoir indiquer l'origine exacte d'une industrie quelconque, et cela est parfois d'autant plus difficile que les pièces authentiques font souvent défaut, et dans les documents que nous avons eu la bonne fortune de rencontrer, ce serait le cas de la faïencerie de Babut, car il n'avait eu à demander pour construire cette fabrique aucune autorisation, cette industrie étant libre à cette époque quand on ne voulait pas avoir de privilège exclusif. Ce n'est que plus tard que Babut désirera se pourvoir de ce privilège, et alors nous trouverons des pièces officielles émanant de l'Intendant de Bordeaux auquel il aura à s'adresser dans ce but.

Babut avait d'abord installé sa faïencerie dans le faubourg de la Madeleine, sur la rive gauche de la Dordogne. C'est le mémoire adressé le 25 juin 1749 à l'Intendant de Bordeaux par le subdélégué de Bergerac et que nous reproduisons plus loin qui nous l'apprend :

« Il a commencé à y travailler depuis 1743, écrit-il, mais il estoit lors au faux bourg de la Magdeleine et depuis environ un an il a passé en ville... »

Il y aura plus tard dans ce même faubourg de la Madeleine une faïencerie dirigée par Lacoste et Vié, ce sera la troisième faïencerie bergeracoise dont nous aurons à nous occuper. Ces industriels occupèrent-ils le local où Babut avait établi la première fabrique ? C'est ce que nous ignorons. Mais ce qu'il

---

(1) Un autre certificat de même teneur et de même date est signé par les maire et consuls de Bergerac : Biran, maire, Gerbes, consul, Sudrout, consul, Hesmastier, consul, Coudero, greffier. — Jean Chrétien Macheco de Prémeaux, Jean VIII, évêque de Périgueux de 1732 à 1771.

y a de sûr, c'est que ce dernier quitte le faubourg de la Madeleine et vient se fixer en ville.

Le 16 mai 1748, Jean Babut signe chez M° Chinours, notaire à Périgueux, un bail avec les représentants du Collège des Jésuites de Périgueux pour la location du lieu appelé la Citadelle de Bergerac, appartenant à ces derniers, en vertu d'un don qui leur avait été fait de cet emplacement le 31 décembre 1629 par le roi Louis XIII, à la condition d'y bâtir une église, clause qui ne fut jamais tenue. Nous avons pris connaissance aux Archives de la Dordogne, à Périgueux, où sont conservées les minutes du notaire Chinours, du bail signé par Babut ; mais nous ne croyons pas devoir en reproduire le texte *in-extenso*, nous nous contenterons de le résumer.

Babut, par ce contrat, prend la suite du bail qu'un nommé Suabasse avait signé, le 7 mars 1745, chez M° Fonville, notaire à Bergerac, bail de neuf années, sur lequel il restait encore six années à courir et que Babut prenait à sa charge pour une nouvelle durée de neuf années, après les six années restant à courir. C'était par le fait une location de quinze années pour la Citadelle de Bergerac avec toutes ses dépendances ; le prix de cette location était de 450 livres par an. Dans cette transaction le collège des Jésuites de Périgueux était représenté par Jean-Henry de Courrège, prêtre recteur, et Toussaint Terreneuve, prêtre syndic, qui ont signé à l'acte.

Après avoir passé ce bail et être devenu locataire de l'ancienne Citadelle de Bergerac, Jean Babut quitta le faubourg de la Madeleine où il n'avait dû installer qu'une faïencerie un peu rudimentaire, et vint occuper le vaste emplacement qu'il venait de louer au bord de la Dordogne et où il put établir une nouvelle fabrique dans de plus grandes proportions. Les constructions de cette faïencerie ont été démolies depuis longtemps ; mais la maison d'habitation existe encore, elle fait partie aujourd'hui du couvent des Filles du Sauveur.

A peine sa manufacture terminée, Babut veut obtenir un privilège exclusif et il adresse dans ce but un mémoire au Conseil du Roi. Nous ne connaissons pas le texte de sa demande, mais voici celui de la lettre du Contrôleur général,

qui ordonne à l'Intendant de Bordeaux de faire une enquête
à ce sujet.

Lettre de J.-B. de Machault, Contrôleur général des finances
a l'Intendant de Bordeaux (1).

A Versailles, le 30 may 1749.

Monsieur, je vous envoye un mémoire du s^r Babut, salpêtrier
ordinaire du Roy à Bergerac, qui demande que l'établissement d'une
fayancerie qu'il a formé en cette ville, depuis 4 ans, soit autorisé du
Conseil, et qu'en conséquence il lui soit accordé un privilège exclusif à l'instar de celui qui a été donné pour la fayancerie établie à
Bordeaux. Il paroit par les deux certificats joints à son mémoire, l'un
de la Noblesse de la province et de M. l'évêque de Périgueux, et l'autre des Maire et Consuls de Bergerac, que cette fabrique, qui ne
peut faire aucun tort à celle de Bordeaux (2) dont elle est éloignée de
plus de 15 lieues du pais, est d'autant plus utile, qu'elle procure de
l'ouvrage à plusieurs particuliers. Le s^r Babut expose d'ailleurs qu'il
se trouve aux environs des terres propres à la fabrique de cette
fayance, qu'il peut faire d'ailleurs venir commodément par eau sur
la Dordogne, les autres matières dont il a besoin, et qu'il a établi un
moulin à eau pour les moudre, en sorte qu'il n'est pas à craindre
que sa fabrique ne puisse se soutenir. Je vous prie de vouloir bien
vous faire informer de l'état de cet établissement, de l'utilité que le
public peut en retirer, de prendre d'ailleurs les éclaircissements que
vous jugerez convenables par rapport à de pareils établissements

---

(1) L'Intendant de la Généralité de Bordeaux fut de 1743 à 1757 Louis-Ur-
bain Aubert, marquis de Tourny. Le ressort de la Généralité de Bordeaux
comprenait vers le milieu du xviiie siècle les départements actuels de la Gironde, de Lot-et-Garonne et de la Dordogne ; mais dans la seconde moitié de
ce siècle, il a été plusieurs fois modifié et il est allé même jusqu'à Bayonne.
Pour le Périgord, il y avait en 1758 des subdélégués, sortes de sous-préfets,
la politique en moins, à Bergerac, Périgueux, Sarlat et Nontron ; plus tard,
vers 1770, il y eut des subdélégués à Ribérac, Monpont et Thiviers.

(2) Jacques Hustin, originaire de Douai et trésorier de la Marine à Bordeaux, avait installé une faïencerie dans cette dernière ville, dans le faubourg
Saint-Seurin, au commencement du xviiie siècle, et le 13 novembre 1714 il
obtenait des lettres-patentes avec privilège exclusif dans un rayon de dix
lieues pour une durée de 15 années. Ce privilège sera renouvelé en 1729 pour
20 ans et en 1752 pour dix années. En 1749 Hustin mourut et eut pour successeur son fils, Denis-Ferdinand.

déja formés dans la Province, notamment par rapport à celui de Bordeaux, et de me faire part de ce que vous aurez appris en me renvoyant ce mémoire et les certificats joints, avec vos observations et votre avis, tant sur le privilége que sur les exemptions que demande le sieur Babut.

Je suis, Monsieur, votre très humble et très affectionné serviteur.

Signé : MACHAULT.

L'Intendant de Bordeaux demande à son tour des renseignements à son subdélégué de Bergerac sur la nature et l'importance de la fabrique de Babut :

LETTRE DE L'INTENDANT DE BORDEAUX AU SUBDÉLÉGUÉ DE BERGERAC.

À Bordeaux, le 12 juin 1749.

Le s^r Babut a, Monsieur, fait présenter au Conseil le mémoire ci-joint, par lequel il demande que l'établissement d'une fayancerie qu'il a formé à Bergerac soit autorisé de Sa Majesté, et qu'en conséquence il luy soit accordé un privilége exclusif à l'instar de celuy qui a été donné pour la fayancerie de Bordeaux. Je vous prie de prendre une connoissance exacte de l'état actuel de ladite manufacture, depuis quand on a commencé à y travailler, quel nombre d'ouvriers de chaque nature y est employé, quelles sont les espèces d'ouvrages qui s'y font, quelle en est la beauté, la bonté, le prix et le débouché, quelle est l'utilité qui en peut revenir au public, s'il y a lieu d'espérer que cet établissement puisse se soutenir, en quoy consistent les bâtiments d'iceluy, entre autres ceux du moulin à eau dont il est parlé dans son dit mémoire, ce qu'ils peuvent avoir coûté, quels autres il entend y ajouter, d'où l'exposant tire-t-il ses matières, s'il n'est point à craindre qu'elles viennent à luy manquer, et finalement de vous mettre au fait de tout ce qui peut avoir rapport en général et en particulier à l'objet dont il s'agit à l'effet de m'en rendre compte avec votre avis.

Je suis, Monsieur, votre très humble et affectionné serviteur. *(Brouillon de lettre non signé.)*

Le subdélégué de Bergerac s'empresse de faire son enquête, et moins de quinze jours après, il adresse à l'Intendant de Bordeaux un long mémoire, qui est pour nous un document de premier ordre, car il nous fait connaître l'établissement céramique de Bergerac dans tous ses détails.

MÉMOIRE DU SUBDÉLÉGUÉ DE BERGERAC CONCERNANT LA FAIENCERIE DE BABUT ADRESSÉ A L'INTENDANT DE BORDEAUX.

Monseigneur,

J'ai l'honneur de vous envoyer cy joint un mémoire concernant les éclaircissements que j'ay pris de la fayancerie du sr Babut, conformément à votre lettre du 12 du courant. Il ne me paraît nul inconvéniant à luy accorder le privilège qu'il demande par son placet.

J'ay l'honneur d'estre avec un très profond respect, Monseigneur, votre très humble et très obéissant serviteur,

Signé : BIRAN.

A Bergerac, ce 25 juin 1749.

MÉMOIRE.

Quel est l'estat actuel de la manufacture de fayance du sr Babut ?

Elle est en bon estat pour travailler, mais pas aussy décorée qu'il l'entend faire n'y ayant qu'environ un an qu'il l'occupe.

Depuis quand on a comancé à y travailler ?

Il a comancé à y travailler depuis 1743, mais il estoit lors au faux bourg de La Magdeleine et depuis environ un an il a passé en ville.

Quel nombre d'ouvriers il y employe ?

Il y avait environ 6 mouleurs, 3 peintres et deux aprantifs, 6 ouvriers qui travaillent à préparer les matières pour les metre au four et plusieurs autres gens de peine.

Quelles especes d'ouvrages s'y font ?

De toutes sortes d'ouvrages en fayance.

Quelle en est la beauté, la bonté, le prix et le débouche ?

Il y en a de 3 sortes, fine, demy fine et comune. Les assiettes fines se vendent 5 livres la douzaine, les demy fines 4 livres, les comunes 2 livres 10 sols, et chaque autre sorte de marchandise a son prix fixe. Les cantons du Périgord, Sarladois, du Limousin et Quercy, et tous les pays enclavés dans cet arrondissement s'y pourvoyent. Il en envoie aussy beaucoup à Bordeaux pour estre envoyée à l'Amérique et le publie en parroit satisfait.

Quelle est l'utilité qui en peut revenir au public ?

Tous les pays cy-dessus qui comercent avec Bergerac par voiture de terre s'y pourvoyent de fayance.

S'il y a lieu de penser que cet établissement puisse se soutenir.

On ne pense pas que dès qu'il faira de belle et bone marchandise qui quoy que bone actuellement il prétent pouvoir porter à une plus grande perfection, on ne doute pas que moyennant ce cet établissement ne se soutiène.

En quoy consistent les batimens et surtout le moulin?

Les batiments consistent en un très bel emplacement qu'il a acquis en arrantement. Il est situé hors ville, presque sur le bord de la rivière, hors de danger de metre le feu, n'y ayant presque point de maison aux environs ; un grand corps de logis de 14 pieds de long sur 26 de large, à costé duquel il y en a un autre de 72 pieds de long sur 12 à 13 pieds de large ; au premier il y a 8 chambres hautes et autant de basses, avec une galerie sur le devant qui tient d'un bout à l'autre avec une basse cour sur le devant sur la même longueur en carré, fermée de murailles, à l'extrémité de laquelle il a baty son four pour la cuite de la fayance et un apantif pour metre son bois.

L'autre corps de logis ne contient qu'une seule chambre au-dessus avec un grand courroir et au-dessous un chay de toute la longueur ; sur le derrière desdits corps de logis, il y a un jardin fermé de muraille et une petite maison où il y a une chambre haute, pour faire coucher les ouvriers et un chay en bas où il fait son escurie au derrière. Au devant et au derrière desdits deux corps de logis, il y a deux petites fontaines qui donnent assez d'eau pour ses ouvrages, et attenant du tout il y a un enclos en terre labourable près d'environ 7 journaux, au milieu duquel il passe un ruisseau où ledit Babut veut faire construire un moulin qui, je crois, réussira. Son premier moulin est construit depuis 3 ans en cette ville au lieu de Gleyrac, au-dessous du moulin des pères Cordeliers ; la chute de l'eau fait tourner 3 meules qui luy servent à broyer ses matières, il n'y a même pas d'aparance qu'il manque. La seule construction luy a couté 1200 livres et celuy qu'il se propose de faire construire sur le ruisseau, qui passe dans son enclos, luy coutera davantage, mais il l'aura plus près de chez luy.

D'ou ledit Babut tire-t-il ses matières ?

Il tire la majeure partie de sa terre et sable dans son propre bien de campagne, à un quart de lieue de cete vile, une autre partie dans l'enclos de sa fabrique, et il fait venir l'autre partie par bateau du lieu du Fleix, à deux lieues au-dessous de cete vile, sur le bord de la rivière où il n'y a pas à craindre qu'elle manque (1) Quant aux autres

___

(1) Il y avait entre Sainte-Foy-la-Grande et Le Fleix, au bord de la Dordogne, en un endroit appelé Le Mignon, des terrains argileux où s'approvisionnait de terres la faïencerie de Sainte-Foy, et c'est là aussi très probablement que Babut prenait une partie de l'argile nécessaire à sa fabrique. Nous avons déjà fait allusion aux terres du Mignon dans notre *Notice sur les anciennes faïenceries de l'Agenais et du Bazadais*, Revue de l'Agenais, 1907-1908.

matières minérales, il les tire de l'étranger ou les prend de la Compagnie des Indes.

Il a fait beaucoup de dépence dans le comancement pour parvenir à la réussite de cete fayancerie, qui luy est devenue de pure perte, et son changement du bourg de La Magdelaine en cete vile luy a surement couté 1000 livres pour faire ses arrangements.

Après la lecture de ce mémoire, on conviendra que nous avons raison de le considérer comme un document très précieux, non seulement pour l'histoire de la faïencerie dont nous nous occupons, mais encore pour l'histoire de toutes les fabriques de ce genre, qui ont été créées en France dans la seconde moitié du xviii° siècle, après l'expiration des priviléges des grandes manufactures qui avaient été établies dans la première moitié de ce siècle, en un mot après que la liberté eût été accordée à ce genre d'industrie.

Le subdélégué de Bergerac a fait son enquête de la manière la plus consciencieuse, et il nous fait connaître la nouvelle faïencerie de Babut dans ses moindres détails. Nous apprenons, en effet, par ce rapport officiel que cette fabrique existait depuis 1743, d'abord dans le faubourg de la Madeleine et depuis un an, c'est-à-dire depuis 1748, dans un des faubourgs de la ville ; qu'elle employait huit mouleurs, trois peintres, six ouvriers et plusieurs manœuvres ; qu'elle produisait trois sortes de marchandises, fines, demi-fines et communes, et que les assiettes se vendaient de cinq à deux livres 10 sols la douzaine, selon qualité ; que toute la région, Périgord, Sarladais, Limousin et Quercy, venait s'y approvisionner, et qu'elle expédiait même ses produits à Bordeaux, pour être réexpédiés en Amérique, c'est-à-dire aux Antilles et à la Louisiane, aux colonies françaises dont Bordeaux était à cette époque le port d'attache et avec lesquelles il entretenait un commerce maritime très important. Enfin, le mémoire nous donne encore la disposition intérieure de la manufacture et les dimensions exactes des différents corps de logis (1).

---

(1) Toutes les faïenceries françaises du xviii° siècle étaient construites sur le même modèle, dans des proportions plus ou moins grandes. On peut consulter à ce sujet la *Grande Encyclopédie* de Diderot, qui en donne une description très exacte, avec des planches gravées très intéressantes.

Nous devons ici faire ressortir une des particularités signalées par le subdélégué. Il y avait, écrit-il, une petite maison pour faire coucher les ouvriers. Nous avons eu souvent à constater, dans les documents concernant les anciennes faïenceries, que les ouvriers étaient logés dans la fabrique, et dans ces conditions les salaires qu'ils recevaient étaient beaucoup moins faibles qu'ils le paraissent au premier abord. Les simples ouvriers et les manœuvres étaient payés généralement à cette époque, vers 1750, de dix-huit à vingt-cinq sous par jour, — nous ne parlons pas des mouleurs, tourneurs ou peintres décorateurs, qui étaient payés à la pièce, — et si on triple ces sommes de 18 et 25 sous, ainsi qu'on calcule la valeur de l'argent de ce temps là, on arrive à un salaire de 2 fr. 50 à 3 fr. 50 par jour, et comme ces ouvriers étaient en plus logés et nourris en partie peut-être, il peut se faire qu'on leur donnât le pain, le vin et la soupe, on voit que la situation de l'ouvrier sous l'ancien régime n'était pas aussi précaire que se plaisent à le démontrer nos professeurs modernes d'économie politique.

La situation de la fabrique de Babut, présentée par le subdélégué de Bergerac à l'Intendant de Bordeaux, était donc des plus favorables pour la demande de privilège qu'il avait adressée au Conseil du Roi, et il semble que les lettres-patentes nécessaires ne pouvaient manquer de lui être accordées. C'était du moins l'avis de l'Intendant de Bordeaux ; car après avoir résumé le remarquable rapport de son subdélégué, il écrivait le 25 juin 1749 au Contrôleur général à Paris :

« Dans ces circonstances, je pense qu'il y a lieu d'accorder au suppliant la confirmation qu'il demande de sa fayancerie, et en conséquence de lay permettre, ainsy qu'à ses successeurs ou ayant cause, d'y travailler pendant 20 années à commencer du 1ᵉʳ janvier 1750 et d'en vendre et débiter les ouvrages dans toute l'étendue du Royaume, même dans les pays étrangers. Le tout avec les mêmes priviléges, exemptions et prérogatives concedés à la manufacture de fayance de Bordeaux, en vertu de l'arrêt du Conseil du 30 novembre 1728 dont je joins icy copie, par lequel ont été expédiées le 30 avril 1729 les lettres patentes nécessaires... » (1).

---

(1) Nous avons dit plus haut que les lettres-patentes de Hustin, le faïencier bordelais, sont de 1714, et en 1729 ce n'est qu'une confirmation de ces premières lettres qu'il obtint pour une nouvelle durée de vingt années.

Babut ne reçut pas les lettres-patentes sur lesquelles lui et ses protecteurs croyaient pouvoir compter, et le 23 septembre 1749, il écrivait à l'Intendant de Bordeaux :

Monseigneur,

Il y a bien près de quatre mois que j'apris qu'il vous avoit été demandé de la Cour votre avis au sujet d'un privilége que je demande à Sa Majesté pour ma fayancerie. Je m'étois flaté, Monseigneur, que votre Grandeur m'auroit été favorable en envoyant votre avis, comme vous aviez eu la bonté de l'écrire à messieurs de Bertin de Pons et autres seigneurs de la province, qui vous avoient demandé cette grâce pour moy ; cependant Monsieur d'Azaincourt qui me fait l'honneur, avec quelques autres seigneurs de la Cour, de solliciter pour moy auprès de Monseigneur le Contrôleur général, son oncle, vient de me faire scavoir par ce dernier courier que sy je n'ay déjà reçu mes lettres patentes, cella vient du retardement de votre avis au Conseil, ce qui me détermine, Monseigneur, à suplier votre Grandeur de m'acorder la grâce de m'être favorable et de l'envoyer au plutôt, afin que j'obtiène de Sa Majesté ce privilège, comme croyant l'avoir méritée par la probation générale du peublic, par là vous contribuerez, Monseigneur, à l'établissement de la première fabrique établie de notre temps dans votre Généralité, et vous me procurerez l'avantage d'en être le directeur, trop heureux si je puis m'en flater par votre protection, et de l'honneur que je reçois d'être, avec le plus profond respect, Monseigneur, votre très humble et très obéissant serviteur.

Signé : Jean Babut.

Bergerac, le 23 septembre 1749.

Que s'était-il passé ? Nous l'ignorons. Mais il peut très bien se faire que le retard apporté à la délivrance des lettres-patentes demandées par Babut vint des bureaux de l'Intendance de Bordeaux ; car sur la lettre de l'Intendant du 25 juin, dont nous avons reproduit les conclusions très favorables à la requête du faïencier bergeracois, lettre qui n'est d'ailleurs qu'un brouillon, il y a en marge une note disant : « Cette lettre n'a pas été envoyée ». Ainsi, le Contrôleur général n'avait reçu ni l'avis de l'Intendant de Bordeaux, ni le rapport du subdélégué de Bergerac. Quelque influence avait agi sans doute auprès de l'Intendant pour qu'il ajournât sa réponse. Jacques Hustin, le propriétaire de la manufacture royale de faïence de Bordeaux, qui devait craindre une concurrence

dans la fabrique du Périgord et qui avait de puissantes rela
tions en haut lieu, avait pu peut-être faire arrêter la marche
des formalités concernant la demande de Babut. Quoi qu'il
en soit, ce dernier ne cessait de réclamer, et le 30 mai 1750 le
Contrôleur général écrivait de nouveau à l'Intendant de Bordeaux :

> Monsieur,
>
> M. le Contrôleur général vous a envoyé le 30 may dernier un mé-
> moire du sʳ Babut, salpêtrier du Roy à Bergerac, qui demandoit que
> l'établissement d'une fayancerie qu'il y a formée depuis quelques an-
> nées fût autorisé du Conseil et qu'il luy fût accordé un privilège
> exclusif à l'instar de celuy qui avoit été donné pour la fayancerie de
> Bordeaux. Il vous a prié de lui envoyer votre avis tant sur ce privi-
> lège que sur les exemptions que demandoit le sʳ Babut. Cette lettre est
> demeurée sans réponse de votre part. Comme ce particulier ne cesse
> de solliciter une décision, je vous prie de vouloir en me renvoyant
> son mémoire et les pièces jointes me mander votre avis afin que je
> puisse prendre la décision de M. le Contrôleur général.
>
> Je suis avec respect, Monsieur, votre très humble et très obéissant
> serviteur.
>
> *Signé :* TRUDAINE.
>
> M. de Tourny.

Babut, de son côté, écrivait presque en même temps à
M. de Tourny :

> Monseigneur,
>
> Lors que mes protecteurs à Paris ont cru recevoir de Monseigneur
> le Controlleur général l'expédition des lettres patantes en ma faveur
> pour ma fayancerie qu'il avoit eu la bonté de leur promettre, mes
> pièces ny votre avis ne se sont pas trouvé à son bureau ny à celluy de
> Monsieur de Trudaine, ce qui les a fort surpris, après ce que je leur en
> avés marqué que votre Grandeur m'avoit fait l'honneur, le mois der-
> nier, de m'assurer avec beaucoup de bonté que votre avis, aussy favo-
> rable que je le pouves soiter, pour une prompte réussite, devoit être
> renvoyé au Conseil par le courrier lors prochain, ce qui me donne
> lieu, Monseigneur, d'avoir l'honneur de recourir de nouveau à votre
> Grandeur et de prandre la respectueze liberté de le lui rappeller et
> de la supplier de faire l'envoy de son avis, si elle ne l'a déjà fait, cella
> ayant pu lui passer de l'esprit, afin que par cette faveur j'obtienne du
> Roy l'effet de ma demande et que l'ayant obtenuo je puisse exécuter,
> mon dessain préméditté qui sera aussy sincère que respecteus, pour

laisser un monument public à ma posterité, que c'est par la faveur et la bonté de votre Grandeur que j'ay obtenu cette grâce.

J'ay l'honneur d'être avec un très proffond respect, Monseigneur, votre très humble et très obéissant serviteur.

Signé : JEAN BABUT.

Bergerac, le 3 juin 1750.

Enfin, l'Intendant de Bordeaux se décide à donner son avis, et on va voir dans la lettre suivante que cet avis est tout à fait différent de celui qui avait été formulé un an auparavant :

A Bordeaux, le 6 juin 1750.

Monsieur, j'ay reçu la lettre dont vous m'avez honoré au sujet d'un mémoire que M. le Controlleur général me renvoya le 30 may de l'année dernière, par lequel le s^r Babut, habitant de Bergerac, demande la confirmation de l'établissement qu'il y a fait d'une fayancerie depuis environ cinq ans, et la concession d'un privilége exclusif à l'instar de celuy qui a été accordé pour celle de Bordeaux, avec les autres exemptions y attribuées.

Je ne manquay point, Monsieur, de prendre dès lors tous les éclaircissements qui pouvoient concerner l'état actuel de cet établissement, mais ne m'ayant pas paru tel qu'il devoit être pour mériter l'autorisation du Conseil, soit par raport à l'objet des batimens, au petit nombre d'ouvriers qui y étoient employés, et au peu d'ouvrages qui s'y fabriquoient, soit relativement à leur nature, espèce et qualité qui n'étoient que dans le plus commun, je crus qu'en différant à en rendre compte, et excitant d'ailleurs l'émulation de l'exposant, les choses pourroient peu à peu devenir susceptibles de la grâce dont est question. Comme elles n'en sont pas encore à ce point et qu'il ne semble pas même qu'il y ait guère eu de progrès depuis ce tems, je ne sçaurois penser qu'il y ait lieu de la luy accorder quant à présent.

Je joindray icy son mémoire avec les deux certificats qui l'accompagnoient.

J'ay l'honneur d'être...

A M. Trudaine.

C'est cette lettre de l'Intendant de Bordeaux au Contrôleur général qui fut cause que Babut ne reçût pas les lettres patentes qu'il avait sollicitées pour avoir le monopole de fabrication de la faïence à Bergerac et la région, c'est-à-dire un privilège exclusif comme celui qu'on avait accordé à d'autres manufactures, entre autres à celle de Bordeaux. Et cependant le Mémoire du subdélégué de Bergerac en date du 25 juin 1749, et que nous avons reproduit plus haut, montre la faïencerie de Babut comme très bien installée et fonctionnant dans de très bonnes conditions, offrant en un mot toutes les garanties qu'on demandait habituellement à cette époque aux industries auxquelles on octroyait un privilège. Nous savons bien que le Mémoire en question pouvait flatter un peu la situation matérielle de la manufacture de Bergerac, parce que les subdélégués, qui n'étaient pas, comme les sous-préfets modernes, de simples agents politiques, étrangers aux pays qu'ils sont chargés d'administrer, mais qui étaient, au contraire, pris dans la région même où ils exerçaient leurs fonctions et où ils avaient généralement des intérêts importants et de nombreuses relations de famille, étaient toujours bien disposés en faveur de leurs concitoyens qui voulaient augmenter la prospérité de leur pays ; mais malgré les bonnes intentions de ce fonctionnaire de Bergerac, il est certain que la faïencerie, que Babut venait d'établir dans cette ville, offrait toutes les conditions désirables pour arriver à une bonne fabrication. Par conséquent, s'il n'obtint pas son privilège, c'est que l'Intendant de Bordeaux subit certaines influences, comme nous l'avons déjà dit, et donna un avis défavorable.

Il ne faut pas oublier que Bergerac était une ville semi-protestante : Babut était le protégé de l'évêque de Périgueux et de la noblesse du Périgord, comme on l'a vu, et c'était une raison pour ne pas être sympathique aux protestants, et comme après ce refus de privilège demandé par Babut, le second faïencier, qui s'établit peu de temps après à Bergerac, professait la religion calviniste, on peut supposer que ce sont des influences protestantes qui ont agi sur l'Intendant de Bordeaux et qui ont obtenu que la requête de Babut fût rejetée. On verra plus loin, dans une lettre que l'évêque de Périgueux écrit le 9 août 1758 à l'Intendant de Bordeaux en faveur de Babut qu'il fait bien ressortir que, comme ce dernier « professe la religion catholique, il peut être traversé en cela par les religionnaires qui sont les plus forts en ce pays-là. »

Ce refus de privilège, opposé à ce premier établissement céramique de Bergerac, eut des conséquences déplorables,

par ce fait qu'une seconde faïencerie se fonda bientôt après
dans cette ville, puis une troisième, et cette concurrence dans
une même industrie amena fatalement l'abaissement du prix
et l'avilissement des produits, et empêcha le Périgord, dont
Bergerac était le centre céramique, d'avoir, comme d'autres
provinces, des faïences de fabrication locale de bonne qualité ;
car, les quelques pièces de valeur céramique qu'on peut citer
comme ayant été fabriquées dans cette cité, ne sont, à notre
avis, qu'une exception, comme nous tâcherons de l'établir
plus loin.

Mais Jean Babut n'était pas au bout de ses tribulations avec
l'administration. Quelques années après ce premier échec
devant l'autorité supérieure, il eut à subir certaines menaces
de la part des consuls de Bergerac. En 1758, ces officiers municipaux voulurent établir des casernes dans leur ville et choi-
sirent comme emplacement l'ancienne citadelle, et il ne
s'agissait de rien moins que d'exproprier Babut qui y avait
établi à grands frais sa manufacture. Notre faïencier doit
reprendre la plume, s'adresser de nouveau à l'Intendant de
Bordeaux et faire de nouvelles démarches auprès de ses protecteurs, démarches qui, cette fois eurent pour lui d'heureux
résultats :

Monseigneur,

J'aurois eu l'honneur de vous écrire pour vous porter mes plaintes
contre les sieurs Maire et Consuls de cette ville, qui depuis long-tems
me font éprouver ce que la passion la plus outrée a pu leur suggérer
de plus affligeant pour me perdre et toute ma famille. Il y a environ
quinze jours qu'ils vinrent chez moi pour visiter et mesurer le terrain
sur lequel j'ay établi une manufacture de fayance où il m'a fallu faire
des dépenses qui ont été telles que j'ay employé pour cet établissement tout ce que la fortune m'avoit confié. Ils me dirent que c'etoit
par les ordres de Monseigneur le Maréchal duc de Richelieu qu'ils
venoient chés moi et qu'on vouloit faire des casernes de cet emplacement. Je crus alors que c'etoit une affaire qui regardoit Monseigneur
le Maréchal ; mais ils ont en cela surpris ma bonne foi, ce qui me
détermina d'envoyer mes requettes au Gouvernement où j'expose mes
raisons et les plaintes que j'avois à opposer à leur peu d'exactitude à
rendre justice à ceux qui la leur demandoient. Les requettes que j'ay
eu l'honneur d'envoyer à Monseigneur le Maréchal sur divers chefs

se trouvent au Gouvernement. J'écris en conséquence affin qu'on les remette au Bureau de l'Intendance, pour que votre Grandeur daigne jetter les yeux sur mes griefs. Votre tribunal, Monseigneur, est sans appel, et lorsque votre Grandeur aura veu le sujet de mes plaintes, je recevrai avec soumission ses ordres sur ce qu'elle aura décidé.

J'ai l'honneur d'être avec un proffond respect, Monseigneur, votre très humble et très obéissant serviteur.

Signé : JEAN BABUT.

Bergerac, le 30 juillet 1758.

Au reçu de cette lettre, l'Intendant de Bordeaux écrivait à son subdélégué de Bergerac :

Bordeaux, ce 2 août 1758.

A M. de Biran. Je n'ay point encore vu, Monsieur, les requêtes que vous aviez envoyées au Gouvernement et que vous dites devoir m'être remises au sujet de l'emplacement que les Maire et Consuls de Bergerac desirent pour un établissement de casernes. Le lieu où vous avez une manufacture de fayance ne devroit être choisy pour cela qu'à défaut de tout autre, ils en ont parlé à M. le Maréchal et ils ont reçu de ce seigneur quelque ordre à ce sujet. Je l'ignore encore.

Je suis très parfaitement...

Babut avait de nouveau fait appel à l'intervention de l'évêque de Périgueux, et Mgr de Macheco de Premeaux adressait de suite la lettre suivante à l'Intendant de Bordeaux :

A Châteaulevêque, le 9 aoust 1758.

Le nommé Babut, maître fayancier à Bergerac, me procure, Monsieur l'honneur de vous écrire, m'ayant prié de le faire au sujet de la maison qu'il occupe dans cette ville. On voudroit la prendre pour y mettre les casernes. Comme cette maison est très propre à son commerce auquel le public même a intérêt, il assure qu'il y en a plusieurs autres également commodes pour des casernes et qui sont libres, en sorte qu'on peut en disposer sans inconvénient. C'est, Monsieur, sur le rapport que vous voudrez bien ordonner vous être fait de ce qu'il expose qu'il espère que sous votre protection il continuera d'habiter la maison où il est. Comme il professe la religion catholique, il peut être traversé en cela par les religionnaires qui sont les plus forts en ce pays-là. Je vous demande donc pour lui, Monsieur, une attention favorable à ce qu'il a l'honneur de vous exposer par sa requeste, et pour moy d'agréer les assurances du sincère et respectueux dévouement avec lequel je suis, Monsieur, votre très humble et très obéissant serviteur.

Signé : ✝ J. C. Evesque de Périgueux.

Mais, si Babut avait dans l'évêque de Périgueux un protecteur désintéressé, il n'en était de même de ses propriétaires, les Jésuites de Périgueux, qui voyant dans cet établissement des casernes dans l'ancienne citadelle, c'est-à-dire dans leur domaine, une bonne affaire, adressaient à l'Intendant de Bordeaux la lettre suivante, dénuée d'artifice et de charité chrétienne :

Monseigneur,

... Pour se maintenir contre le projet de la ville, le s^r Babut, notre fermier, a avancé avoir passé avec nous un bail perpétuel. Je suis obligé de m'inscrire vis-à-vis de luy et même auprès de vous, Monsieur, contre la fausseté d'un fait qui pourroit faire soupçonner à la ville de Bergerac peu de droiture dans nos dommages. Notre bail avec ce fermier, pour neuf ans seulement, commença le 16 mai 1748 ; il est vray que de notre agrément il acquit du fermier son prédécesseur quatre ou cinq années de jouissance qui lui restoient encore, voilà le vray. J'ay prié, Monsieur, plus d'une fois le s^r Babut de ne pas user de ces mauvais subterfuges. Je luy ay ajouté que j'entrois de bon cœur dans la situation et que je concourerois volontiers à luy faire quelque dédommagement de concert avec la ville, supposé qu'elle le déplace. Mais je n'ay point dû et je ne dois point encore le faire contre un corps de ville à qui la société doit beaucoup de reconnoissance, et dans le projet actuel de laquelle il se trouve un avantage considérable pour le collège ruiné ; car, Monsieur, outre la sûreté infaillible de nos payemens, nous serions toujours à l'abri des réparations énormes et des dégradations considérables qu'il faut passer à l'aveugle pour n'avoir pas de procès avec un homme très dérangé dans ses affaires. Voylà pourquoi nous vous conjurons tous très instamment, Monsieur, de vouloir donner les mains au projet de la ville, supposé que votre jugement le trouve assorti, vous rendrez un service immortel à ce collège sur le point de sa décadence.

Le grand article de la résistance du s^r Babut, c'est le projet chimérique qu'il a formé d'obtenir le consentement de la Cour pour acquérir purement et totalement de nous nos possessions, consentement que n'obtiendra jamais un particulier de son espèce, et que d'ailleurs le dérangement total de ses affaires le mettroit hors d'état de conduire à exécution. Il pourroit, Monsieur, se placer facilement dans quelqu'autre canton ; la ville est trop équitable pour ne pas luy faire quelque dédommagement où j'entrerois sans difficulté, quoy qu'à la rigueur nous n'y fussions pas tenus. Mais votre décision et vos ordres seront en cecy la règle unique de notre conduite.

J'ay l'honneur d'être avec le plus profond respect, Monsieur, votre très humble et très obéissant serviteur.

Signé : CRAMOUZEAUD Jes., Sindic du collége.

Périgueux, ce 16 août 1758.

Il est vrai, comme le font ressortir les Jésuites, que le bail qu'ils avaient signé avec Babut, le 16 mai 1748, pour la location de la Citadelle de Bergerac, et dont nous avons fait connaitre les conditions, n'était pas perpétuel ; il était d'une durée de quinze années seulement ; mais ce n'était pas très généreux de la part des pères de Périgueux de demander l'expropriation de leur locataire parce que c'était leur intérêt.

Sur ces entrefaites, Babut est encore victime de vexations de la part des consuls qui lui demandent un droit de pontonnage pour ses charrettes, et il adresse à ce sujet la lettre suivante à l'Intendant de Bordeaux :

Monseigneur,

Par ma lettre du 30 du passé, j'ai eu l'honneur d'exposer à votre Grandeur le motif qui m'avoit obligé d'adresser deux requettes au gouvernement, contre les s^{rs} maire et consuls de cette ville, qui depuis ont passé au bureau de l'intendance et avant que votre Grandeur les ait leue. Elle m'a honoré d'une réponse qui m'a remis et ma famille désolée dans une parfaite tranquillité, ayant tout lieu d'attandre de votre Grandeur la justice qui m'est deue.

M. de Saint-Exuperi étant venu en cette ville pour recevoir les plaintes des habitants contre lesdits s^{rs} maire et consuls, je luy ai remis un mémoire, ou je luy expose que chaque jour je suis persécuté de ses M^{rs} par un esprit d'inquiétude, qui les anime à vouloir me perdre, et sans avoir egard au privilége attaché a mon droit de bourgeoisie, ils exigent de force un droit de pontonnage sur les provisions que je fais venir pour mon conte pour consommer à ma fabrique ; c'est assez qu'un charretier se dise chargé pour moy, pour qu'aussitôt la porte du pont luy soit fermée, je n'ai été exempt de cette violence que pendant le séjour que M. le commissaire a fait dans cette ville, qui a obligé le s^r maire a deux reprises d'envoyer un billet aux fermiers pour laisser passer mes charrettes ; après son départ je me suis trouvé dans les mêmes peines, ces messieurs firent une réponce et luy donnerent copie du tarif, le tout a été sans doute renvoyé au beureau de l'intendance. Je supplie très respectueusement, Monseigneur, votre Grandeur d'avoir egard à mon droit et de faire cesser l'injustice qu'ils me font, en leur donnant l ordre de se conformer aux entiens reglements, sur lequel le tarif a été fait, ou sont nommement inscrite les denrées et marchandises sujete à ce droit et nommés bourrées, qu'un plus long retardement à les retirer peut m'en occazionner l'entière perte par la pourriture, etant pour la plupart de brande, bruyere et agion.

J'ay l'honneur d'être avec un très proffond respect, Monseigneur, de votre Grandeur, le très humble et très obéissant serviteur.

Jean Babut.

Bergerax, le 27 aoust 1758.

Le subdélégué de Bergerac consulté répond à l'Intendant :

Monseigneur,

En conséquence de la lettre cy-jointe du sr Babut que vous m'avés fait l'honneur, de m'adresser, j'écrivois à MM. les maire et les consuls pour me dire la raison pourquoy ils vouloient faire payer au sr Babut le pontonnage des bourées qu'il fait venir pour bruler dans les fours où il fait cuire sa fayance, ils m'ont envoyé copie d'une jurade du mois de décembre 1672 que je joins icy, dans laquelle il est énoncé à l'article marqué en marge par un A que pour chaque charreté, de quoy qu'elle soit chargée, pour débiter ou pour transporter hors de la ville, non apartenant aux bourgeois, il sera payé deux sols. Je ne trouve pas que la prétention de MM. les maire et consuls, par leur verbal servant de réponse à ma lettre aussi cy-joint, soit bien interpretée. Le sieur Babut, étant bourgeois de Bergerac et employant les bourées à cuire sa fayance, ne doit point selon moy etre assujeti à ce droit, quoy qu'il vende sa fayance ensuite hors la ville ; car si cela avoit lieu, tous les bourgeois qui se servent du charbon pour fondre du cuivre ou pour le souder et qui le vendent ensuite à l'étranger, devroient y être assujetis, et cependant on ne sache point qu'ils en payent. Je crois donc que MM. les maire et consuls donnent un sens forcé à cette jurade. Il en seroit autrement si le sr Babut faisoit passer par charretés sa fayance sur le pont, qu'il enverroit pour vendre à des étrangers de Bergerac, mais comme il l'embarque sur la Dordogne, je crois l'article mal interpreté.

J'ay l'honneur d'être avec un très profond respect, Monseigneur, votre très humble et très obéissant serviteur.

Biran.

Bergerac, le 20e septembre 1758.

Nouvelle lettre de Babut à l'Intendant, mais cette fois c'est pour se plaindre de brigands qui viennent piller sa fabrique :

Monseigneur,

Votre Grandeur aura sans doute reçeu des plaintes contre certains brigands qui roullent pendant la nuit dans cette ville et qui y commettent bien des désordres, plusieurs plaignans en ayant averti les sieurs maire et consuls ; je suis un de ceux qui en ay ressenti les effets depuis la nuit de dimanche au lundy dernier, qu'ils entrerent chés moy et enleverent dans mon jardin ou brisserent touts mes pots à fleurs, et arracherent les autres. Ils avoit precedament enlevé les fruits, et non contant de cella, ils furent dans mon prêt ou j'avois une mulle que j'anployés a torner le moulin de ma fabrique, qu'ils conduisirent sur le bord de la riviere et la precipiterent du haut de la roque en bas où elle mourut.

Si je ne les ay pas dénoncés en justice reglée, c'est par la crainte que j'ay qu'ils me mettent le feu à mes fagotieres et batiments. J'espère, Monseigneur, que votre Grandeur, informée de pareils désordres, donnera en concequence les ordres necessaires pour arretter le cours de leurs brigandages et me faire indamniser.

J'ay l'honneur d'être avec ûn très proffond respect, Monseigneur, de votre Grandeur, le très humble et très obeissant serviteur.

Bergerac, 23 septembre 1758.　　　　　　　JEAN BABUT.

L'Intendant fait écrire aux consuls de Bergerac :

Aux Consuls de Bergerac,

A Bordeaux, ce 27 septembre 1758.

Je reçois, messieurs, des plaintes de ce que des gens mal intentionnez troublent la tranquillité publique pendant la nuit dans votre ville, penetrent dans l'intérieur des jardins et lieux en dépendant, ne cherchant qu'à nuire aux particuliers qui font l'objet de leur haine. Il est de votre devoir de prendre les moyens les plus prompts et les plus efficaces pour arrêter le cours de ces désordres, en informant d'office contre leurs auteurs affin de faire un exemple capable d'en imposer.

Je suis....

Et la question des casernes est reprise. Babut écrit de nouveau à l'Intendant en lui envoyant un plan du quartier de la citadelle :

Monseigneur,

Si je prand la liberté d'envoyer à Votre Grandeur un plan de mes emplacements et de quelques autres, qui ont été vus en partie par le commissaire que vous avés envoyé ici, ce n'est que pour le suplier d'agréer les observations que j'ay fait, et que je n'ay peu lui communiquer dans le peu de temps que j'ay eu de converser avec luy, les s^rs Maire et Consuls n'ont rien oublié lors de sa vizite de ce qui auroit peu luy persuader que des emplacements n'étoit ni à vendre ni convenables pour faire des cazernes. Son raport, Monseigneur, avec le plan et les observations que j'ay l'honneur de présenter a votre Grandeur luy fairont aisément connoître que cella n'est pas en veüe du bien public que les Maire et Consuls ont voulu faire chois de mes emplacements, mais uniquement pour m.e perdre et faire tomber ma fabrique où j'ay employé toute ma fortune, tandis qu'il y en a beaucoup d'autres mieux en état de loger les troupes et moins couteux pour cette communauté ; je ne puis ignorer toutes les démarches qu'ils ont fait pour y parvenir, ils ont voulu oublier la protection publique dont j'étois honnoré par Monseigneur le marquis de Tourny, et les promesses que leurs auteurs m'avoit si souvant donnée de me soutenir dans mon entreprise.

Monsieur le Commissaire leur a dit de votre part qu'à supozés que mes emplacements fussent préféré, ils seroient obligés de me faire rebatir ailleurs mes fours et mes autres ustancilles. Je scais que c'est un gros article et qui tombe en pure perte pour cette communauté déjà obérée ; mais, Monseigneur, c'est ce changement de fourt qui me fait craindre pour ma ruine totale. J'ai passé par cette rude épreuve en transportant ici ma fabrique ; je n'ai point les mêmes ressources que j'avois alors, ayant essuyé des pertes considérables depuis le commencement de ses guerres, et sans le secours d'une forte somme que me prêta monsieur le marquis de Sainte-Alvère, j'aurois échoué ; le s^r Boissiere vient d'éprouver ce malheur, depuis trois ans il a perdu au moins 2000 livres sans avoir pu faire une belle pièce de fayance ni connoître encore les défand de son fourt (1). Je suplie, Monseigneur, votre Grandeur d'avoir égard à mes humbles représentations d'où dépend ma destinée et celle de mes neuf enfans et de me continuer l'honneur de sa protection, en ayant déjà ressenti les effets. Je luy en rands mes actions de grâces ; ces messieurs me laissent passer mes denrées sur le pont depuis déjà quelques jours sans exiger ce nouveau droit prétendu

---

(1) C'est la première fois que nous rencontrons le nom de ce faïencier ; travaillait-il à Bergerac ou ailleurs dans la région ? Nous l'ignorons.

J'ay l'honneur d'être, avec un très profond respect, Monseigneur, de votre Grandeur, le très humble et très obéissant serviteur.

JEAN BABUT.

Bergerac, le 28 septembre 1758.

A cette lettre était joint un plan du quartier de la faïencerie, c'est-à-dire de la citadelle, assez grossièrement exécuté par Babut lui-même et qui s'en excuse ainsi dans une note :

« L'auteur du presens prie messieurs les lecteurs d'être indulgens sur son comte, étant le premier ouvrage qu'il a été obligé de faire dans ce genre ».

Ce plan manuscrit est accompagné de notes explicatives très intéressantes, de la main de Babut, et que nous croyons devoir reproduire ici :

Monsieur le Commissaire qui a fait la vizite de tous les emplacements de la fayancerie, avec le mauvais état de tous les bâtiments et que les 15000 livres que le sieur Maire se propoze d'y metre en reparation seront à peine suffisants pour refaire les murailles qui en ont besoin (toutes sont dans le cas), faire celle du devant et celles pour cloisons du haut en bas, les cheminées, monter les planchers et les portes d'en bas, refaire les planchers des chambres et greniers, refaire la galerie et trois escaliers en pierre, les 15000 livres ne suffiroient pas, et cela ne seroit que le même nombre de chambres, la place devant la basse cour qui aboutit à la ville ne peut point se fermer de murailles, comme le croyait Mr le Commissaire, à cauze du chemin des six maisons qui sont au nord qui la traverse pour entrer en ville et de celluy qui est au midy pour celles qui sont de ce côté là, il y a de même un chemin entre la basse cour et cette place pour aller à la rivière, outre que cette place couteroit au moins deux mille livres, elle est partagée d'elle même estant à deux ; et quand elle pourroit se fermer, en achetant les 12 maisons qui ne sont pas à vendre, le tout couteroit d'achat ou pour fermer des sommes immanses ; au lieu que si Mr le Maire et consuls ne regardent que le bien public et qu'ils veulent con'er juste, ils verront que 10000 livres de l'achat de la fayancerie et 15 pour les réparations, cinq à six pour me faire rebâtir ailleurs mes fourts, fosses et ustancilles, je ne parle pas de l'achat de la place de devant et des maisons pour pouvoir la fermer de murailles qui grossiraient les dépenses, les trois articles seuls vont à 30.000 livres ; on n'a qu'à jetter les yeux sur les maisons des srs Vigiers en entier, avec la maison de Brian et les echopes qui sont entre deux, le tout ne coutera pas cela, et il y aura six fois plus de logements ; l'appartement de Vigier que l'on dit vendu depuis samedy 7000 livres, le restant n'irait pas à cinq, les échoppes attenants et jardin n'iraient pas à autre cinq, et quand la maison seule de Brian irait à huit, cela ne formerait qu'une somme de 25000 livres ; et si on y joignait encore les échoppes qui sont au dessus avec le grand jardin de madame d'Augeard, le tout n'iroit pas à 5000 livres, le total monteroit à 30000 livres, et combien de logements de toute espèce et d'étendu immense, dans un air le plus sain de la ville, de très bonne eau à boire y ayant deux fontaines et plusieurs puits, et les abreuvoirs commodes aux deux endroits différents, sa situation aux plus belles avenues de toutes parts, à l'entrée de la ville et à portée de la ville, et à moins que messieurs les magistrats n'aient des raisons inconnues, l'on ne peut comprendre que pour le bien public ils ne préfèrent cecy à la fayancerie.

On observera de plus qu'il n'y a pas d'eau à la fayancerie bonne à boire, pas même pour les chevaux, quoy qu'il y ait un ancien puits qui ne sert à rien et l'autre qui ne sert qu'à détremper les terres, l'un et l'autre empoisonnés par les égouts et immondices de la ville, étant obligé depuis dix ans, notoire à toute la ville, d'envoyer chaque jour chercher de l'eau à la ville avec des bastes pour faire boire mes chevaux, les abreuvoirs étant à l'extrémité opposée de la ville, quelle risque pour les habitants lorsque les troupes sont obligées de faire traverser une ville à leurs chevaux pour aller aux abreuvoirs.

Il est évident que Babut voulait rester à la citadelle et que dans ses notes il s'efforce de démontrer tous les inconvénients qu'il y aurait d'y installer les casernes et les avantages qu'on trouverait en les établissant ailleurs, à l'endroit où sont les maisons des sieurs Vigier, c'est-à-dire au coin de la rue d'Argenson et du grand chemin de Sarlat, le long de la rivière en amont du pont.

Le plan qu'a tracé Babut lui-même et dont nous donnons ici une reproduction réduite de moitié montre bien le quartier de la citadelle et la faïencerie dont les dimensions ont été données par le subdélégué de Bergerac dans son mémoire du 25 juin 1749.

Le 4 octobre suivant, l'Intendant de Bordeaux répondait :

A M. Jean Babut, entrepreneur de la manufacture de fayence de Bergerac.

A Bordeaux, le 4 octobre 1758.

J'ay reçu, Monsieur, les plans que vous m'avez envoyés de vos emplacements. J'auray tout l'égard possible à vos observations si, par le rapport que le commissaire me fera de l'état des lieux je puis m'assurer qu'elles sont justes et bien fondées. Je suis...

L'hiver se passa sans qu'on entendit parler des casernes ; mais en février 1759, les consuls de Bergerac écrivent à l'Intendant :

> Monseigneur,
>
> Nous n'avons point perdu de veue l'objet concernant l'établissement des cazernes dans notre ville en faveur duquel Votre Grandeur a paru s'intéresser ; en consequence nous écrivimes à M.rs les Jesuites pour leur proposer de céder à notre communauté, comme ils l'avoient promis sous une rente annuelle et perpétuelle, le lieu appelé de la Citadelle avec les terres qui en dépendent, que vous avez agréé et trouvé propres pour y establir des cazernes, et ce sur le pied qu'ils l'ont donné en ferme qui est 450 livres. Nous pensions, Monseigneur, qu'ils accepteroient d'autant plus volontiers la proposition, qu'il vous étoit revenu qu'ils desiroient nous la céder au même prix, et que d'ailleurs un arrentement perpétuel en faveur d'une communauté aussi durable que la leur, qui paye bien, et sans aucune diminution du prix pour réparations auxquelles ils sont tenus dans le cas d'une ferme, leur devoit être très favorable ; mais nous fumes extremement surpris d'aprendre par leur réponse qu'ils ne vouloient en faire l'arentement que sur le pied de 600 livres ou 60 boisseaux froment rendus à Périgueux, dont nous avons conjecturé que nous étions croisés par quelque souterrain qui nous étoit inconnu, et nous nous sommes déterminés sans leur répondre d'en prévenir Votre Grandeur et de la prier, en sollicitant sa protection de nous faciliter les moyens de parvenir à un établissement aussi désiré qu'utile.
>
> Nous sommes avec le plus profond respect, Monseigneur, vos très humbles et très obeissants serviteurs,
>
> THENAC, *maire.*
>
> LESPINASSE, LABATUT, *consuls.*

Bergerac, le 25 février 1759.

On voit que les pères Jésuites de Périgueux ne voulaient rien perdre en changeant de locataire ; au contraire, puisque pour la location de la citadelle ils demandaient à la ville de Bergerac un prix annuel de six cents livres au lieu de quatre cent cinquante livres que leur payait Babut. Ce sont peut-être ces prétentions qui firent que l'autorité militaire renonça à la citadelle pour y établir les casernes. De son côté, le subdélégué de Bergerac qui avait été toujours favorable à Babut, chargé de l'enquête au sujet de ses réclamations, écrivait à l'Intendant :

Monseigneur,

Il est bien certain que le sieur Babut, qui est déjà assez dérangé dans ses affaires, le seroit encore beaucoup plus en l'otant du lieu où est sa fayancerie, 1° pour trouver un lieu convenable, 2° pour la construction de son four qui est une pièce où il est difficile à réussir, à ce que je luy ay toujours ouï dire, et que celuy là luy coute beaucoup par les différents changements qu'il luy a fallu faire. Je croyois même que M. Badon de Conches, qui veint icy le visiter par votre ordre, avoit trouvé qu'il faudroit démolir tout ce qui y est pour relever les chambres basses hors de terre, que la destruction des meurs et la reconstruction couteroient plus que la construction à neuf. Et M. Lalié de Latour en a, je crois, levé le plan et d'un autre emplacement au bout du faubourg de la Magdeleine, à ce qu'on m'a dit, car je ne l'ay pas veu depuis. Il est bien certain que ce petit commerce de fayance fait gaigner la vie dudit Babut, de sa femme et de huit ou dix enfants qu'il a, ainsi ce seroit une charité de l'y laisser.

J'ay l'honneur d'être avec un très profond respect, Monseigneur, votre très humble et très obéissant serviteur.

Biran.

Bergerac, le 30 mai 1759.

Cette lettre du subdélégué de Bergerac est le dernier document que nous ayons trouvé sur cette affaire des casernes ; la ville et l'autorité militaire abandonnèrent l'idée d'établir les casernes à la citadelle, et Babut continua à y exploiter sa fabrique jusqu'à la Révolution. De ce côté, il cessa d'être inquiété, mais il n'en fut pas de même pour les droits de pontonnage qui lui furent de nouveau réclamés par les consuls. Il y a encore deux lettres de lui à l'Intendant de Bordeaux se plaignant des exigences de l'administration municipale :

Monseigneur,

Je suis obligé de renouveller mes plaintes à Votre Grandeur contre les Srs maire et consuls de cette ville, qui ne cessent de m'oprimer dans toutes les vezaxions ; ils commencèrent l'année dernière pour exiger de force un droit de pontonnage sur les voitures qui venoit pour mon compte et pour l'uzage de ma fabrique. Heureusement que

M. de St-Exupéri arriva, prit cognessance de cette affaire, et après
leur avoir dit son sentiment, ils me laissèrent tranquille pour cet
article, ce qui a duré jusque vers la fin d'avril dernier qu'ils ont renou-
vellé cette prétention, en arrêtant de force et faisant payer chacque
voiture qui vient pour mon conte charger de menus bois de brande
et d'agion, sans avoir aucun égard à mes representations assez souvent
réitérées, par ma qualité de bourgeois, qui me donne l'entrée libre de
toute expesse de marchandises et de d'henrées, comme aux autres
privilégiés, exepté la pierre de moulange et le blé pour revendre qui
soit sujet à ce droit de pontonnage. Ce n'est qu'après des traits aussi
facheus pour moy que je me déterminoy le 19 du passé à leur faire
un acte de protestation, ce qui les obligea de convoquer une assemblée qui fut tenue à l'hôtel de ville, le second de ce mois, ou il ne fut
admis que les bourgeois qu'ils invitèrent par billet, quoy qu'une affaire
de cette expesse regarda tout le corps de ville et principalement les
negociants où il ne s'en trouve que deux. Il arriva néanmoins contre
leur attente qu'après un examen sérieux que l'assemblée fit sur les
registres, touts unanimement furent de me laisser jouir de mon droit
de bourgeoisie, la jurade ne trouve même pas à propos de charger
le registre de leur délibération à cet égard, veu l'évidence du
privilége du bourgeois, où il n'a jamais été contesté par aucun magis-
trat.

J'avois tout lieu de croire, Monseigneur, d'après le résultat de cette
assemblée que les srs maire et consuls me laisseroit tranquille dans
cet objet, leur ayant demandé un ordre pour que leur fermier laissa
passer mes charretes, ils me l'ont refusé, de même que ce fermier qui
continue de me les arreter comme auparavant ; c'est une affaire de
police et de reglement dont personne ne peut connetra que votre
Grandeur. Je la supplie très justement de vouloir s'informer de la
vérité de mon exposé. M. le procureur du roy, procureur sindic, peut
vous rendre conte du résultat de cette jurade et convenea de ma sin-
cérité. J'ose espérer, Monseigneur, de Votre Grandeur qu'elle m'acor-
dera la grace de sa protection contre ces Mrs qui ne cherchent qu'à me
perdre, en repriment leur vexation et me rembourser ce qu'ils m'ont
pris et continuent de me prandre à propos.

J'ai l'honneur d'être, avec un très proffond respect, Monseigneur,
de Votre Grandeur, le très humble et très obéissant serviteur.

JEAN BABUT.

Bergerac, le 9e juin 1759.

Cette fois Babut fait valoir, on le voit, ses priviléges de

bourgeois de la ville (1). Mais l'Intendant lui répond sur un ton un peu sec :

A M. Jean Babut, entrepreneur de la manufacture de fayence de Bergerac.

A Bordeaux, ce 12 juin 1759.

Les questions qui intéressent la qualité de bourgeois ne sont point, Monsieur, de ma compétence. Vous devez faire valoir vos droits à cet égard devant les juges qui ont coutume d'en connoître. Je suis...

Mais Babut revient à la charge, et le 2 juin suivant, il adresse à l'Intendant une nouvelle lettre sur le même sujet :

Monseigneur,

C'est une nouvelle plainte que j'ai l'honneur de porter devant votre Excellence contre les sieurs maire et consuls de cette ville, qui, au lieu de protéger ma fabrique, ne recherchent que l'occazion à me préjudicier.

Ils commencèrent l'année dernière à vouloir exiger de force un droit de pontonnage sur mes provisions que je consomme à ma fabrique, qui ne doivent rien par ma qualité de bourgeois, leur injuste prétention leur fit craindre des événements du raport que M. de Saint-Exupéri en devoit faire à votre Excellence et me laissèrent tranquille jusques au mois d'avril dernier qu'il leur a pleu de me faire arrêter toutes mes voitures chargées de mêmes bois et les faire payer de force, ce qui me détermina de leur faire un acte de protestation, qui les obligea de convoquer une jurade à l'hôtel de ville où ils n'admirent par billet que ceux qu'ils vouleurent. Il arriva néanmoins contre leur attente que toute l'assemblée fut surprise que l'on mit en délibération l'évidence de mon droit d'après ce résultat. J'avois tout lieu de croire, Monseigneur, que ces messieurs me laisseroit jouir, comme j'avois fait de tout temps, de mon privilège, mais au contraire, ils ont agi avec plus de violence et continuent à retarder mes voitures et les font payer, ce qui me porte un préjudice des plus notables.

Je suplie, Monseigneur, votre Excellence de donner ses ordres au s^r procureur syndic de vous rendre conte du résultat de cette jurade, qui fut tenue le 2 de ce mois, et après que la vérité de mon expozé luy sera connue, m'accorder la grâce de sa protection contre leurs vexations et me faire rembourser ce qu'ils m'ont pris mal à propos.

---

(1) Jean Babut avait été en effet reçu bourgeois de Bergerac le 30 juin 1737. Voy. les *Jurades de la ville de Bergerac*, 1892-1904, tome XII, p. 4.

J'ay l'honneur d'être avec un très profond respect, Monseigneur, de votre Excellence, le très humble et très obéissant serviteur,

Jean Babut

Bergerac, le 21 juin 1759.

L'Intendant en réfère alors aux maire et consuls de Bergerac :

Aux maire et consuls de Bergerac.

A Bordeaux, ce 28 juin 1759

Le sieur Babut se plaint, messieurs, de ce qu'au préjudice de sa qualité de bourgeois on exige de luy un droit de pontonage sur les provisions dont la consommation est nécessaire pour sa fabrique. Je vous prie de me donner les éclaircisemens relatifs à l'objet de sa plainte.

Je suis...

Mais les maire et consuls firent connaître à l'Intendant, par la lettre suivante, le véritable état de la question, et cette let-lettre met fin à cette affaire des droits de pontonnage :

Monseigneur,

Ce n'est pas la première fois que le sr Babut s'est plaint du droit de pontonnage qu'on a voulu exiger sur les provisions de la consommation nécessaire pour sa fabrique. Il vous en porta ses plaintes l'année dernière par requette qui nous fut communiquée, sur laquelle nous fournimes notre réponse, en vous envoyant l'expédition d'une ancienne jurade sur laquelle etoit étably le fondement du droit de pontonnage que la communauté pouvoit exiger de luy, et Votre Grandeur, Monseigneur, n'ayant pas sans doute trouvé sa plainte juste, ne voulut porter aucune décision en sa faveur, et du depuis il s'est pourvu diverses fois devers M. le Maréchal devant qui il n'a pas eu un succès plus heureux, et voulant mettre fin à toutes ses importunités sans n'avoir rien a nous reprocher, nous portames ses difficultés à la communauté assemblée à l'hôtel de ville qui, l'ayant examiné et ne voulant pas porter une décision contraire à cette prise dans une ancienne jurade qui forme notre tarif, se détermina, sans prendre aucune résolution par écrit, à tollérer aux sieurs Babut de faire entrer ses provisions sans droit de pontonnage ; c'est ce que nous lui rendimes en lui permetant de jouir de la tolérance que la communauté lui avoit accordée, et n'en ayant été satisfait, il nous demanda dans l'hôtel de ville une permission par écrit, ce que ne luy pouvant accorder de notre chef au préjudice de la délibération prise à l'hôtel de ville, il s'est de nouveau pourvu devant vous.

Nous sommes avec le plus profond respect, Monseigneur, vos très humbles et très obéissants serviteurs.

Thenac, maire,
Lespinasse, Labatut, consuls.

Bergerac, ce 8 juillet 1750.

En 1762 le bail que Babut avait passé le 6 mai 1748 par devant Chinours, notaire à Bergerac, avec les Jésuites de Périgueux pour la location de la citadelle, venait à expiration. Un nouveau bail fut souscrit par lui, par acte de Fournier, notaire à Périgueux, en date du 3 mai 1762. Les Jésuites étaient représentés par les RR. PP. Thibeau Baranger et Jean-Baptiste Marty, recteur et syndic de la compagnie de Jésus du collège de cette ville, y demeurant paroisse Saint-Front.

Ce nouveau bail est conservé aux Archives départementales de la Dordogne au rang des minutes du notaire Fournier. Nous avons eu ce document sous les yeux et nous ne croyons pas avoir à reproduire ici toutes les formules banales dont les tabellions ont l'habitude de couvrir des feuilles de papier timbré aux frais de leurs clients. Nous nous contenterons d'en extraire le passage qui intéresse directement le sujet dont nous nous occupons.

Le bail est consenti « à titre de locaterie et ferme perpétuelles, l'entier fief appartenant au dit collège où était autrefois la citadelle et où est actuellement la faïencerie, confrontant au midi avec la rivière de Dordogne, au couchant aux possessions du sr Cheyssat, chemin entre deux, du nord au chemin qui part de la place du Marché et va au bourg de Prigonrieux et du levant à la dite place du Marché par la rue de la Pouchée ». Le prix annuel de cette location était de quatre cents livres.

On est un peu étonné de voir les Jésuites de Périgueux accepter de passer avec Babut un bail de location perpétuelle, alors que, quelques années auparavant, ils protestaient contre la prétention de ce faïencier d'être locataire de la citadelle en vertu d'un bail de ce genre.

Mais il ne faut pas oublier que la Société de Jésus, qui fut dissoute en 1764 par édit royal du 9 mars, avait été mise en demeure dès 1762, par un arrêt du Parlement de Paris, d'avoir à évacuer ses noviciats, maisons professes et collèges, et c'est sans doute pour éviter l'expropriation de la Citadelle de Bergerac qu'ils passèrent avec Babut ce bail perpétuel, ne se réservant que les droits de possesseurs de fief.

D'ailleurs les Jésuites de Périgueux allèrent plus loin, et l'année suivante ils firent passer sur la tête d'un tiers leurs propriétés de Périgueux et de Bergerac. On trouve en effet aux Archives départementales de la Dordogne, série B 1795 (Sénéchaussée de Bergerac : enquêtes et procès-verbaux civils), un document daté du 12 juin 1763 que l'Inventaire sommaire de ce dépôt résume ainsi :

Verbal de mise en possession impétré par M. Murat, prêtre missionnaire, vicaire général de l'évêque, en qualité de principal du collège de Périgueux, de tous les biens ayant appartenu aux ci-devant Jésuites, situés dans le ressort de la sénéchaussée de Bergerac, et en particulier de la maison appelée la Citadelle et de ses dépendances, et malgré la protestation du sieur Jean Babut, négociant à Bergerac, qui y a établi sa faïencerie, en vertu d'un bail à locaterie perpétuelle, reçu par Me Pierre Fournier, notaire royal à Périgueux, le 3 mai 1762.

On lit de plus dans ce verbal que nous avons eu sous les yeux que le 11 juin 1763, au moment où le lieutenant-général François de Lapouyade veut prendre possession de la maison de la Citadelle, le sieur Babut, possesseur du tout, fait opposition, arguant que la religion de la Cour avait été surprise, qu'il était possesseur de la dite maison dans laquelle il avait construit une faïencerie à grands frais. Le lieutenant-général décida que l'arrêt de la Cour serait exécuté. La requête du 12 juin 1763 est adressée au procureur du Roi, en vertu d'un arrêt de la Cour en date du 14 mai dernier.

La protestation de Babut fut donc inutile et elle était probablement de pure forme, car il est assez difficile de se rendre compte du véritable état des choses dans tous ces grimoires de procédure rendus obscurs avec intention ; mais ce qu'il y a de sûr, c'est que les biens des Jésuites en Périgord et notamment la Citadelle de Bergerac furent saisis au profit du diocèse de Périgueux, représenté par le vicaire-général de l'évêque, devenu principal du collège. Quant à Babut il continuera à faire fonctionner sa faïencerie dans la citadelle jusqu'à la Révolution et sans être inquiété, et nous trouverons plus tard ses héritiers propriétaires de cet immeuble.

En 1775, Babut demande à l'Intendant, par l'entremise du subdélégué Biran, de construire un moulin à eau sur le ruisseau le Caudeau, qui coule au nord de Bergerac, et cette autorisation lui fut accordée dans la forme suivante :

Nous Intendant en Guyenne avons permis au sieur Jean Babut, fabricant de fayance, de construire un moulin à eau sur la petite rivière appellée le Caudeau et d'adosser led. moulin à la tête gauche du ponteau qui traverse le grand chemin de Bergerac à La Force, à la charge par led. sieur Babut de faire procéder par le sieur Lallié, ingénieur des ponts et chaussées, à l'alignement et de se conformer aux dimentions qui luy seront prescrites par led. sous-ingénieur.

Fait à Auch, le 9 février 1776.

Ce moulin que Babut allait établir devait-il servir à broyer les produits nécessaires à la fabrication des faïences, émail et couleurs, ou était-ce un moulin à blé comme ceux qui se trouvaient déjà le long de cette petite rivière ? Nous ne le savons, mais le chemin de Bergerac à La Force traverse le Caudeau à une certaine distance de la citadelle et par conséquent trop loin de la faïencerie pour pouvoir être utilisé pour les besoins de la fabrique.

A la fin du xviiie siècle, à la veille de la Révolution, les Intendants avaient reçu l'ordre de surveiller le fonctionnement des nombreuses usines, des manufactures, des bouches à feu, selon l'expression administrative du temps, qui à cette époque furent construites dans toute la France et d'empêcher surtout qu'on y employât pour le chauffage les bois durs réservés pour la construction ; on obligeait les propriétaires de ces manufactures à alimenter leurs fours avec la houille. Les rapports des Intendants et de leurs subdélégués à ce sujet, qui sont conservés dans nos Archives départementales, série C (fonds des Intendances), offrent le plus grand intérêt pour l'histoire des arts et manufactures au xviiie siècle. Nous avons trouvé aux Archives départementales de la Gironde plusieurs de ces rapports, concernant les usines existantes alors dans le ressort de la Généralité de Bordeaux, et nous avons utilisé déjà ceux ayant trait aux faïenceries du Sud-Ouest sur lesquelles nous avons publié des études, faïenceries de la Gascogne, de l'Agenais et du Bazadais. Nous allons donner ici le rapport du subdélégué de Bergerac sur les fabriques de son ressort et dans lequel il signale les trois faïenceries de Bergerac.

Monsieur,

J'ai eu l'honneur de vous rendre compte par ma lettre du 7 juin 1788 du nombre des bouches à feu qui sont dans la subdélégation de Bergerac. Je vous ai marqué qu'il y existe une forge, trois moulins à cuivre et une taillanderie. M. Henriot, par sa lettre du 21 mars dernier, me demande de votre part des nouveaux éclaircissements sur la quantité des objets de fabrication et sur le produit des ventes : il me demande aussi un état des verreries, fayanceries et autres fourneaux.

J'ai pris tous les renseignements possibles sur tous ces objets et en voici le résultat : 1° La forge de Monclard, la seule qui existe dans la subdivision de Bergerac, coule chaque année trois mille quintaux de fer, la plus grande partie en chaudières et très peu en poterie, qui, rendus à Bordeaux, produisent 12 livres par quintal. Je vous ai déjà observé que le bois devient fort rare dans les environs de cette forge qui tire la mine qui lui est nécessaire, de la paroisse de St-Caprais de Clerans, distante de près de deux heues. Ces deux circonstances font présumer qu'on sera forcé de l'abandonner.

2° Il se fabrique dans chacun des trois moulins à cuivre environ quatre-vingt-dix quintaux de ce métal, qui peuvent produire de cent quarante à cent cinquante livres par quintal ; sur cela il faut déduire la matière première que l'on tire de Bordeaux et qui vient de l'étranger, le charbon, le salaire des ouvriers, l'entretien des moulins et autres objets qui sont très conséquents, mais dont je ne sais pas le résultat.

3° La taillanderie est en ferme au prix de 750 livres par an. Le fermier est un négociant de Bordeaux qui attire dans cette ville tous les objets de fabrication, au moyen de quoi je n'ai pas pu me procurer d'autre éclaircissement ; mais de selon la voix publique, il lui tarde que son bail ait pris fin, parce que les profits ne répondent pas aux dépenses.

4° Il existe aussi à Bergerac trois fayanceries dans lesquelles, avant le traité de commerce avec l'Angleterre, il se fabriquait pour environ 60.000 livres de fayence ; mais les marchandises de cette espèce, qui nous sont venues d'Angleterre, ont totalement ruiné ces fabriques, au point qu'elles ne sont plus rien ou presque rien, et que les fabricants seront forcés de les abandonner. Je ne connois point au reste dans la subdélégation de Bergerac d'autres bouches à feu ni de fourneaux.

J'ay l'honneur d'être avec beaucoup de respect, Monsieur, votre très humble et très obéissant serviteur.

Signé : BARAN, fils.

Bergerac, le 2ᵉ may 1789.

Ce rapport nous apprend qu'outre trois moulins à cuivre, une taillanderie et une forge fonctionnant dans la subdélégation de Bergerac en 1789, les trois faïenceries de cette ville, et par conséquent celle de Babut dont nous nous occupons ici, existaient encore à cette époque, mais qu'elles périclitaient, à cause des conséquences du traité de commerce passé avec l'Angleterre en 1786, qui permettait aux fabricants anglais d'introduire en France et à des conditions très avantageuses pour eux, les produits céramiques, leurs faïences fines dites terre de pipe. Ce traité fut désastreux pour tous nos faïenciers français, y compris, comme on le voit, ceux de Bergerac.

Aussi, dès le début de la Révolution, les trois ateliers de Bergerac durent-ils éteindre leurs fours. On lit, en effet, dans le registre des délibérations du conseil municipal de cette ville, à la date du 8 février 1791 :

Les trois manufactures de fayance, depuis le traité de commerce avec l'Angleterre, ont cessé toute espèce de travail... La disette des vins, la fermeture des manufactures de bonneterie qui travaillaient, il y a quelque temps et occupaient beaucoup de monde et surtout des femmes, depuis dix-huit mois ne font presque rien plus... La cessation du travail dans ces divers atteliers a si fort multiplié le nombre des pauvres que malgré les charités qui sont encore plus abondantes que la misère générale du païs ne sembleroit devoir le permettre, et les divers autres soins qu'on prend pour fournir du pain à ces malheureux, plusieurs sont en souffrance faute de travail.

On lit encore dans ce même registre de délibérations, que ces trois faïenceries employaient avant le traité de commerce avec l'Angleterre de 150 à 200 ouvriers. M. G. Charrier, l'ancien archiviste de la ville de Bergerac, qui a bien voulu transcrire pour nous le texte que nous venons de reproduire et avec lequel nous avons pu reconnaître, en juin 1905, les

emplacements des trois faïenceries bergeracoises, avait la
conviction, à la suite de recherches dans les archives de la
ville, que ces fabriques n'avaient plus fonctionné après 1791.
On peut donc adopter cette date pour établir la fin de la faïencerie de Babut qui fonctionna ainsi pendant un demi-siècle.

Que devinrent, après l'extinction des fours de cette fabrique,
les terrains de l'ancienne Citadelle sur lesquels ils avaient été
construits ? Bien que cette question ait peu d'intérêt pour
nous, puisque la faïencerie avait cessé d'exister, nous avons
voulu savoir quel avait été le sort de l'emplacement de la
faïencerie et de la famille Babut, et le successeur de M. Charrier aux archives de la ville de Bergerac, M. A. Jouanel, a
bien voulu consulter pour nous le cadastre dressé en 1831 et
il a pu constater que l'emplacement de l'ancienne faïencerie
était divisé en une quinzaine de parcelles imposables et que
tous ces lots, l'ancienne Citadelle entière, appartenaient
encore à une veuve Babut. Cet emplacement est compris de
nos jours entre la Dordogne au midi, le ruisseau le Canelet
à l'ouest, la rue du Pont-Saint-Jean au nord, et les rues de la
Citadelle et Saint-Esprit à l'est. Ces quinze lots forment une
contenance totale de deux hectares quatre-vingt-cinq ares
et cinquante centiares, la même à peu près qu'avait la Citadelle lorsque Babut y construisit la faïencerie vers 1750, contenance qui était alors, d'après le mémoire du subdélégué du
25 juin 1749, de plus de sept journaux, sans compter les terrains bâtis et les jardins à la suite. L'immeuble appartient
aujourd'hui à la communauté du Sauveur qui y a établi un
orphelinat et un pensionnat (1).

Quant à la famille Babut, nous n'avons que peu de renseignements sur son compte. On trouverait certainement dans
les registres paroissiaux de Bergerac et des autres communes de la région son état civil complet ; mais l'inven-

---

(1) Les dames de la Congrégation du Sauveur vinrent se fixer à Bergerac
en 1854 (autorisation par décret du 8 février 1854). Le 14 mai 1861, elles
passent, par devant Mᵉ Lespinasse, notaire à Bergerac, un acte, promesse de
vente de la Citadelle par le propriétaire, M. Babut, médecin, moyennant le
prix de 30.000 fr. Nous devons encore ce renseignement à l'obligeance de
M. A. Jouanel, archiviste de Bergerac.

faire des archives communales de cet arrondissement n'a pas été dressé, et il serait difficile, même en y consacrant des mois entiers, d'y faire des recherches dans ces conditions. Les minutes des notaires fourniraient aussi des renseignements très précieux ; mais les recherches dans les études notariales, quand on est autorisé à les faire, sont encore plus pénibles que dans les archives publiques.

Tout ce que nous savons sur la famille du faïencier de la Citadelle, c'est qu'il était originaire de Lalinde, paroisse du Bergeracois, qu'il se fit recevoir bourgeois de Bergerac en 1737 (1), que sa femme s'appelait Toinette Jouquais et qu'avant d'être faïencier il était salpêtrier du Roi. Lorsque la fabrique ferma ses fours en 1791 vivait-il encore ? Nous n'avons pu trouver son acte de décès, et bien qu'il eût été alors octogénaire, c'est possible. Mais ce qu'il y a de sûr, c'est que ce ne peut être sa femme qui possédait en 1831 les terrains de l'ancienne Citadelle, c'était probablement la veuve de son fils. Nous aurons à parler dans un instant d'une pièce de faïence, un encrier, qui porte le nom de Pierre Babut fils et la date de 1764. Ce Pierre Babut était sans doute le fils de Jean Babut, et cet encrier avait été peut-être fabriqué pour lui, un cadeau que son père lui avait fait à l'époque où il commençait à savoir écrire. Mais ce Pierre Babut a-t-il succédé à son père dans la direction de la manufacture, avait-il été le mari de la veuve Babut, propriétaire de la Citadelle en 1821 ? Ce sont des questions auxquelles nous ne pouvons répondre faute de documents.

Quoi qu'il en soit, si nous ne pouvons fournir sur la famille de ce faïencier que quelques notes d'état-civil, ce qui, en somme, est un point secondaire, car ce serait pousser l'amour de la généalogie jusqu'à l'abus s'il fallait donner la filiation complète de tous ces artisans comme si c'étaient des Montmorency ou des La Rochefoucauld ; nous avons établi, par des pièces d'archives inédites, l'existence certaine de cette fabrique de faïence bergeracoise ayant fonctionné pendant un demi-siècle.

---

(1) *Les Jurades de la Ville de Bergerac... op. cit.*, t. XII, p. 4.

On saura maintenant qu'un nommé Jean Babut, originaire
de Lalinde, reçu bourgeois de Bergerac en 1737, qualifié plus
tard salpêtrier du Roi, après avoir établi une faïencerie dans
cette ville dès 1743, dans le faubourg de la Madeleine, au bord
de la Dordogne, en amont et non loin du pont actuel, trans-
porta sa fabrique, en 1748, sur l'emplacement de l'ancienne
Citadelle démantelée depuis 1623 et appartenant aux Jésuites
du collège de Périgueux, qui le louèrent à Babut, par un bail
en due forme daté de 1748 et renouvelé en 1762 à titre de
location perpétuelle, et que cette faïencerie fonctionna régu-
lièrement jusqu'à la Révolution, c'est-à-dire pendant près
d'un demi siècle.

La manufacture de Babut était-elle importante comme établissement céramique et sa fabrication était-elle abondante ?

Nous avons appris, par le rapport du subdélégué de Bergerac, daté du 25 juin 1749, que la contenance de l'ancienne
Citadelle, à cette époque, était d'environ neuf journaux, c'est-
à-dire trois hectares. Mais tout ce vaste emplacement n'avait
pas été employé pour y construire la faïencerie ; la majeure
partie, sept journaux, avait été laissée en terres labourables,
et sur l'autre partie Babut avait fait élever les locaux utiles à
l'exploitation de sa faïencerie, deux corps de logis, lit-on dans
le rapport, l'un de 4m 60 sur 8m 60, soit environ 40 mètres
carrés, avec une basse-cour sur le devant et à l'extrémité son
four, « pour la cuite de la fayance et un apantif pour mettre
son bois » ; l'autre corps de logis mesurant 23m 75 sur 3m 70,
soit environ 88 mètres carrés, avec un jardin fermé de
murailles où il y a une petite maison pour faire coucher les
ouvriers, avec un chai et une écurie. Le plan que Babut
a joint à sa lettre du 28 septembre 1758 adressée à l'Intendant
de Bordeaux, plan que nous avons reproduit et qui corres-
pond assez bien à la description donnée ici par le subdélégué.

D'ailleurs toutes les faïenceries du XVIIIe siècle étaient construites à peu près sur le même plan, dans des proportions plus
ou moins grandes ; on en trouvera les dispositions très exactes
dans la grande *Encyclopédie* de Diderot et d'Alembert (1751-
1772. C'était une grande cour avec des fosses pour le lavage

des terres et un manége pour le broyage des poudres à émail et des couleurs, les fours au fond, et entourée de constructions pour les ouvriers mouleurs et tourneurs, les peintres, des magasins pour les marchandises fabriquées, et, en façade généralement, la maison d'habitation des maîtres et des commis.

Babut tirait, paraît-il, ses terres et son sable, d'un bien de campagne qu'il possédait à un quart de lieue de la ville, de l'enclos de sa fabrique, et il faisait venir d'autres terres par bateau du Fleix sur le bord de la rivière (1). Quant aux autres matières comme le plomb et l'étain pour l'émail, et certains oxydes métalliques pour préparer les couleurs, il les recevait directement de l'étranger ou de la Compagnie des Indes.

Le mémoire du subdélégué Biran nous apprend encore que Babut employait 6 tourneurs, 6 mouleurs, 3 peintres avec 2 apprentis, 6 ouvriers qui travaillaient à préparer les matières pour les mettre au jour et plusieurs autres gens de peine, soit un personnel d'environ trente ouvriers ; qu'il fabriquait trois sortes de faïences, comme dans tous les ateliers, de la fine ou premier choix, de la demi-fine et de la commune ; que les assiettes fines se vendaient cinq livres la douzaine, les demi-fines quatre livres, les communes deux livres dix sols ; et enfin qu'il expédiait des produits dans les cantons du Périgord, dans le Sarladais, le Limousin, le Quercy, et à Bordeaux pour être réexpédiés en Amérique.

Ce rapport nous présente donc l'état très complet de la faïencerie de la Citadelle à son début et nous la montre établie dans des conditions très favorables à un bon fonctionnement. Mais cet état de choses ne dura pas longtemps, croyons-nous. D'abord le subdélégué de Bergerac, qui devait s'intéresser à toute nouvelle industrie s'installant dans la ville, avait peut-être un peu flatté l'état de la fabrique pour faire obtenir à Babut le privilège qu'il demandait, et, en second lieu, les deux faïenceries, qui furent créées à Bergerac vers 1760, durent

---

(1) Nous avons déjà dit à la note de la page 22 que le lieu d'où l'on tirait de l'argile au Fleix s'appelait Le Mignon. Voir aussi nos *Notes et Documents sur les faïenceries de l'Agenais et du Bazadais*, *op. cit.*

faire une concurrence désastreuse à l'établissement de la
Citadelle et amener sa décadence. C'est ce qui ressort de plusieurs passages des documents que nous venons de produire
et notamment de la lettre du subdélégué de Bergerac, du 30
mai 1759, dans laquelle on lit :

« Il est bien certain que le sieur Babut, qui est déjà assez dérangé
dans ses affaires, le seroit encore beaucoup plus en l'ôtant du lieu où
est sa fayancerie... Ce petit commerce de fayance fait gagner la vie
dudit Babut, de sa femme et de huit ou dix enfants qu'il a ; ainsi ce
serait une charité de l'y laisser ».

Il y a peut-être là encore exagération de la part du subdélégué, qui cherchait à apitoyer l'Intendant sur le sort du
faïencier qu'on voulait exproprier pour l'établissement de
casernes ; mais il est très probable qu'à ce moment son
industrie était moins que prospère et qu'il lui fut impossible
de lutter contre la concurrence des deux autres ateliers, qui
se montèrent quelque temps après et qui vont faire l'objet
des deux paragraphes suivants, notamment de celui de Bou-
net qui sera, nous le croyons, le plus important des trois et
d'où sont sorties les faïences fines qu'on peut attribuer à la
fabrication bergeracoise.

L'établissement de Babut ne fut donc qu'une petite faïencerie et qui n'a fabriqué que de la faïence commune, de
consommation courante, et c'est la qualité inférieure des produits sortis de ces fours qui fait aujourd'hui, sans doute, leur
rareté ; car on ne conserve pas habituellement les faïences
médiocres, les amateurs ne les recherchent pas et elles finis-
sent un beau jour par disparaître entièrement. C'est ce qui
est arrivé certainement pour les pièces fabriquées par Babut,
et il nous sera impossible de donner une idée du genre de
production de cette manufacture, nous n'en connaissons
aucun spécimen.

Nous avons parlé cependant d'un encrier qui a figuré à
l'exposition de Bordeaux de 1882, section de l'art ancien et
qui portait l'inscription : « Le 8 mai 1764, Pierre Babut, fils ».
Le catalogue ne donne aucune description de l'objet ; il
se contente de nous apprendre que cet encrier fut exposé par
le Dr Desmaisons du Palans. Nous avons vainement cherché

FAIENCE DE BERGERAC XVIIIe SIÈCLE

(LOUIS XV)

SERVICE AU PERROQUET

(De la collection Labadie, de Bordeaux).

à voir cette pièce ; comme nous l'avons dit, ce Pierre Babut devait être le fils de Jean Babut, qui avait fait fabriquer et décorer cet encrier pour en faire cadeau à son fils encore jeune à cette époque. D'ailleurs, les pièces de cadeau sont généralement uniques, et ne peuvent nullement donner l'idée de la fabrication courante d'une faïencerie. Nous n'avons donc pas à regretter de n'avoir pu voir l'encrier de l'exposition de Bordeaux de 1882, et il sera très difficile, croyons-nous, de pouvoir jamais identifier les produits céramiques de la manufacture de Babut.

§ 2. — FAÏENCERIE DE BONNET.

(1760 (?) -1791)

Si nous avons pu produire plusieurs documents d'archives pour la faïencerie de Babut, il n'en sera pas de même pour celle de Bonnet. Mais nous pouvons fixer d'une manière certaine l'existence de cette seconde fabrique bergeracoise.

En 1762, un habitant de Libourne créa une faïencerie à Fronsac, sur sa propriété, et dans une lettre que le directeur de cette fabrique écrit à l'Intendant de Bordeaux, en juillet 1765, on lit :

« Les directeurs des trois manufactures de Bergerac n'ont eu d'autres titres pour les établir que cette liberté naturelle à tout citoyen de chercher sa subsistance et son entretien en choses licites (1) ».

Et l'existence de ces trois faïenceries à Bergerac à cette époque est d'autant plus certaine que nous avons pu supposer dans nos *Notes et Documents sur trois faïenceries du Libournais* que Michel Dumont, originaire de Toulouse, avait travaillé à Bergerac avant d'aller à Libourne.

Cette seconde manufacture était située presque à côté de celle de Babut, sur les bords de la Dordogne, sur l'emplacement occupé de nos jours par l'immeuble connu sous le nom de maison Rolland, entre le port au levant, le quai au

---

(1) Voir nos *Notes et Documents sur trois faïenceries libournaises au* xviii* siècle*, 1909, in-8°.

midi, un escalier et un terrain dépendant du port à l'ouest, et la rue de l'Intendance au nord.

Nous ne pouvons fixer la date exacte de la création de cette fabrique ; cette industrie était libre alors, il n'y avait pas besoin d'autorisation et le propriétaire n'ayant pas demandé de privilège, d'autant moins qu'il existait déjà la faïencerie de Babut ; nous n'avons trouvé, dans le fonds de l'ancienne Intendance de Bordeaux aux Archives départementales de la Gironde, aucune pièce administrative concernant cet atelier. Mais on peut fixer l'établissement de cette nouvelle faïencerie vers l'année 1760, pas avant, croyons-nous, mais avant 1762 certainement.

Nous venons de dire que lorsque Michel Dumont, le directeur de la faïencerie de Libourne, va fonder un atelier à Fronsac, il fait savoir, dans une lettre datée de 1765, qu'il existe à Bergerac trois manufactures de faïence. Mais, avant cela, il avait passé, en 1764, un traité avec M. Vande Brande, propriétaire de la fabrique de Libourne, et, dans ce traité, il s'engageait à faire de la faïence d'un émail aussi beau que celui de Perchin, de Bergerac, et d'apprendre aux jeunes enfants employés dans la manufacture de Libourne à peindre des fleurs, œillets et autres, telles que celles que Perchin fait exécuter à Bergerac. Or, Dumont était arrivé à Libourne en 1762, et nous avons supposé, d'après ce qu'il dit de Bergerac, qu'il avait travaillé dans un des ateliers céramiques de cette ville, avant de venir prendre la direction de celui de Libourne (1). Ce serait donc avant 1762 qu'il aurait séjourné dans la cité périgourdine et comme il avait constaté qu'il y avait alors trois faïenceries, c'est pour cela que nous avons placé vers 1760 l'époque du début des deux fabriques, qui vinrent après celle de Babut dont nous connaissons parfaitement l'origine remontant à 1742. Mais nous croyons qu'on ne peut faire remonter guère au-delà de 1760 l'existence de l'atelier de Bonnet, parce qu'il n'en a jamais été question dans les documents que nous avons rencontrés concernant la fabrique de Babut.

---

(1) *Notes et Documents sur trois faïenceries libournaises*, op. cit.

Si nous ne pouvons établir d'une manière précise la date de la fondation de la manufacture de Bonnet, nous ne sommes pas certain non plus que ce dernier en ait été le véritable créateur.

En 1760, date que nous adoptons jusqu'à nouvel ordre pour le début de cette faïencerie, Tite Bonnet avait environ vingt-cinq ans, l'acte de son décès survenu en 1776 nous a appris qu'il avait alors quarante-deux ans, ce qui lui donne bien l'âge de vingt-cinq ans en 1760, et il était alors un peu jeune pour se mettre à diriger une industrie pour laquelle il faut avoir des connaissances spéciales, qui ne s'acquièrent que par une assez longue pratique. Cependant nous avons constaté souvent qu'autrefois les jeunes gens étaient plus avancés que de nos jours, et très souvent on les trouve établis déjà à vingt-cinq ans, âge qui en ce temps était celui de leur majorité. D'ailleurs, Bonnet était marié à ce moment ; il avait épousé une fille du nom de Marie Lacoste, et en 1760 il avait déjà un enfant et cet enfant était son aîné, il avait donc contracté mariage vers 1759. Il peut donc se faire que Tite Bonnet, âgé de vingt-cinq ans en 1760, marié et père de famille, ait songé à s'établir et ait monté une faïencerie à Bergerac. C'est possible.

Cependant, s'il en est ainsi, il nous reste un faïencier qui a exercé à Bergerac à l'époque où nous sommes, de 1760 à 1762, et dont nous ne savons plus que faire ; nous voulons parler de ce Perchin dont Michel Dumont, le directeur de la fabrique de Libourne, nous a entretenus en donnant pour modèle son habileté pour obtenir un bel émail et une décoration artistique. Qui était-ce que ce Perchin dont nous n'avons rencontré le nom que dans ce traité ? Est-ce lui qui avait installé la fabrique dont nous nous occupons et qui en fut le premier directeur ? Ou était-ce simplement un habile ouvrier travaillant chez Bonnet ?

Il y a encore un autre faïencier dont parle Babut dans sa lettre du 28 septembre 1758, adressée à l'Intendant de Bordeaux, au sujet des casernes qu'on voulait construire à la Citadelle, un nommé Boissière « qui, écrit-il, a échoué dans l'installation de ses fours, a, depuis trois ans, perdu au moins

2000 livres, sans avoir pu faire une belle pièce de fayance ni connoître encore le defaud de son fourt (1) ». Ce Boissière fut-il le véritable fondateur de la manufacture que Bonnet serait venu continuer? Mais dans ce cas il faudrait faire remonter le début de cet atelier à 1755. Il nous est tout aussi difficile de répondre à cette question qu'à celles concernant Perchin, et ce n'est que dans les registres paroissiaux de Bergerac et surtout dans les actes des notaires qu'on pourra trouver des renseignements à ce sujet.

Ce qu'il y a de certain, c'est que vers 1765 Bonnet était déjà propriétaire de la manufacture qu'il dirigera jusqu'à sa mort survenue en 1776 et qui sera au nom de sa veuve, Marie Bonnet, jusqu'à la Révolution.

Nous ignorons encore si Bonnet était bergeracois ou même périgourdin, car son nom est très répandu dans tous les pays. Il y avait un Bonnet, notaire à Bergerac, au XVIIIe siècle, et on verra plus loin que le propriétaire de la faïencerie du Fleix portait ce même nom de Bonnet. Notre ancien confrère M. Hermann, décédé récemment, dans la communication qu'il a faite dans la séance du 4 octobre 1906 de notre Société, au sujet des faïences de Bergerac, a rappelé qu'il y avait eu des Bonnet faïenciers à Apt, dans la Vaucluse, au XVIIIe siècle, et il a fait remarquer que le Bonnet de Bergerac aurait pu venir d'Apt. Nous avons écrit au secrétaire de la mairie de cette ville (2) et sa réponse n'est pas venue confirmer l'hypothèse de M. Hermann. Il y a eu, en effet, une manufacture à Apt d'où sont sorties ces poteries très originales et très recherchées aujourd'hui, d'une forme parfois très artistique, poteries marbrées et d'un jaune foncé, mais qui n'ont pas la finesse des faïences jaunes de Marseille et de Montpellier, avec lesquelles on peut cependant les confondre. Cette faïencerie était dirigée par un nommé Bonnet; mais comme elle n'a fontionné que sous Louis XVI, le Bonnet de Bergerac que

---

(1) Voir à la page 35.

(2) M. Fernand Save, secrétaire de la mairie, conservateur du Musée et de la Bibliothèque de la ville d'Apt.

nous trouvons dans cette ville vers 1760 ne pouvait venir de cette manufacture d'Apt (1).

Voici les renseignements que nous avons pu recueillir sur l'état-civil de Bonnet et de sa famille.

Tite Bonnet décéda à Bergerac le 15 août 1776, âgé d'environ 42 ans (2), ce qui nous apprend qu'il était né vers 1734, l'acte n'indique pas le lieu de sa naissance. L'acte de baptême d'un enfant posthume, Antoine, né le 27 janvier 1777 (3), nous fait connaître le nom de sa femme qui s'apelait Marie Lacoste ; nous ignorons l'époque et le lieu de son mariage, mais nous pouvons supposer qu'il s'est marié vers 1759 ; car son second enfant, un fils du nom de Jean, est venu au monde en 1761, l'aîné a dû naître en 1760 et le mariage a dû avoir lieu en 1758 ou 1759.

Lorsque Bonnet meurt en 1776, tous ses enfants étaient mineurs, et c'est un Bonnet, leur oncle probablement, qui fut leur tuteur (4). La succession consistait en une maison d'habitation, un jardin et la faïencerie, le tout situé au petit port, au Crabette, d'autres biens encore situés ailleurs et le moulin à blé du Crabette.

---

(1) Nous ne connaissons aucun ouvrage spécial sur les faïences d'Apt. On peut consulter le *Dictionnaire de la Céramique* d'Edouard Garnier, Paris, s. d. (1893, in-8°.

(2) Reg. des décès des protestants, Archives de la ville de Bergerac.

(3) Reg. de l'église Saint-Jacques de Bergerac. Baptisé *sous condition*. C'est avec cette formule qu'on inscrivait sur les registres des églises catholiques les baptêmes des protestants.

(4) Tite Bonnet avait un autre frère, Claude, qui aurait quitté le Périgord pour aller se fixer à Madagascar où il serait devenu roi des Malgaches. Ce Bonnet aurait laissé une fortune considérable, cent millons, dit-on, que ses héritiers n'ont jamais pu recueillir, faute de pièces suffisantes pour établir leurs droits. Nous tenons le fait d'un des descendants des Bonnet ; mais nous ne le rapportons ici que sous toutes réserves. Si le fait est exact, si réellement Claude Bonnet a été roi de Madagascar, le Périgord a eu l'honneur de fournir deux rois en moins d'un siècle, Claude Bonnet, de Bergerac, roi des Malgaches au XVIII⁰ siècle, et au XIX⁰ siècle, Antoine de Tounens, ancien avoué à Périgueux, né à Chourgnac (Dordogne), vers 1820, roi d'Araucanie, sous le nom de Orélie-Antoine I⁰⁰ (Voir *Orélie-Antoine I⁰⁰, roi d'Araucanie et de Patagonie ; son avènement au trône et sa captivité au Chili*, 1863, in-8°). La royauté ne serait-elle plus devenue en France qu'un article d'exportation ?

Ce moulin, que faisait mouvoir un petit ruisseau venant du Caudeau, traversant la ville et venant se jeter dans la Dordogne, à côté de la faïencerie, avait été acheté par Bonnet, le 23 septembre 1772, à Zacharie Duvergier, de Sainte-Foy (1). Il était attenant à la manufacture et, tout en servant à moudre le blé, c'est lui certainement qui devait faire mouvoir la machine dont nous parle Latapie, l'inspecteur des arts et manufactures, dans son journal d'inspection que nous avons déjà cité (2) :

« 24 mai 1778, Bergerac. — Il y a, écrit-il, trois faïenceries dont celle de Bonnet est la plus considérable. Il faut voir dans celle-ci le moulin à broyer les métaux. La même roue, qui est mue par un courant d'eau, fait tourner huit pignons enarbés à autant d'axes de fer verticaux, qui s'empâtent sur de petites meules, lesquelles brisent les émaux dans un baril plein d'eau et cerclé de fer. Chaque pignon a son baril destiné à une couleur fixe. La même roue fait mouvoir cinq maillets armés de fer qui brisent des pierres d'émaux en morceaux destinés à être pulvérisés dans les barils. C'est un allemand qui a fait exécuter cette machine qui tourne à profit au propriétaire de la faïencerie, parce qu'il faut moins de bras ».

Ce moulin du Crabette, qui avait donné son nom à cet endroit du port, fut vendu en 1792 par la veuve Bonnet, pour une somme de 7.500 francs à la ville (3) qui voulut y établir une place et agrandir celle du port. Mais la veuve Bonnet étant morte la même année (4), ses héritiers intentèrent un procès en règlement à la ville, et c'est dans le dossier de cette procédure, qui est conservé aux archives de la ville, que nous avons trouvé tous les détails qui précèdent, grâce à l'aimable archiviste, M. Jouanel, qui nous l'a communiqué, comme il nous a fourni la plupart des renseignements qui vont suivre.

Marie Lacoste, veuve Bonnet, mourut donc en 1792, entre

---

(1) Acte de Bonnet, notaire à Bergerac. Ce notaire devait être parent du faïencier, et l'on trouverait certainement dans ses minutes d'autres actes concernant cette faïencerie.

(2) Voir à la page 15.

(3) Acte de Bonnet, notaire à Bergerac, du 22 novembre.

(4) Marie Lacoste fut inhumée dans un terrain situé aux portes de la ville, au lieu dit La Bargironnette, aujourd'hui près de la gare, appartenant aux Bonnet et leur servant de cimetière.

les mois de mai et d'août ; elle laissait quatre enfants : Marie, l'aînée, mariée en décembre 1786 à M. Feydès, d'Eymet; Jean, né le 7 août 1761 ; Bertrand et Marie-Bibiane, mariée le 16 juin 1793 à Louis Masseron, de Bergerac. Ces quatre héritiers, qui vivaient encore en 1802, vendirent, de 1793 à 1798 (1), l'immeuble de la faïencerie à Pierre-Thomas Ginet, négociant à Bergerac, qui y fit édifier, de 1800 à 1810, la maison et la terrasse qui existent aujourd'hui. Lorsque Jean et Bertrand Bonnet vendent leur part, le 24 brumaire, an VII (28 octobre 1798), ils habitent Bordeaux.

En 1840, le 7 avril, le fils de François Ginet vendit son immeuble à Antoine Rolland, négociant à Bergerac, pour le prix de 24,000 francs (2), et cette construction assez importante, au bord de la Dordogne, au coin oriental du port de commerce, est connue encore sous le nom de maison Rolland et appartient aujourd'hui à M. Boyer-Guillon, de Paris.

On vient de lire que Latapie, dans son journal de tournée, en 1778, écrit que des trois faïenceries de Bergerac celle de Bonnet est la plus considérable. Cette appréciation de l'inspecteur des arts et manufactures vient confirmer ce que nous avons dit au sujet de la fabrique de Babut, en faisant ressortir que les deux ateliers établis vers 1760, vinrent lui faire une concurrence contre laquelle il ne put lutter, surtout contre celle de Bonnet dont la manufacture devint la plus importante et d'où sont sorties les faïences fines qu'on peut attribuer à la fabrication bergeracoise.

Cette prospérité de la faïencerie du Crabette était due peut-être à la religion que professait son propriétaire. Nous avons dit que Bonnet appartenait à la religion calviniste, et les protestants, qui étaient fort nombreux à cette époque dans toute la région, à Bergerac et à Sainte-Foy (3) notamment, et

---

(1) Actes de Meynier, notaire à Bergerac.

(2) Acte de Lespinasse, notaire à Bergerac.

(3) La faïencerie de Sainte-Foy appartenait à un nommé Brian, également protestant. Voir nos *Notes et Documents sur les faïenceries de l'Agenais et du Bazadais*, op. cit. L'abbé Expilly, dans son *Dictionnaire des Gaules et de la France* (1762), nous apprend qu'au XVIIIe siècle Bergerac était une ville

qui de plus étaient plutôt commerçants qu'agriculteurs, qui habitaient les villes, étaient plus riches que les catholiques, et en apportant leur clientèle à leur coreligionnaire Bonnet ils contribuèrent ainsi à la prospérité de sa fabrique. Et c'est ainsi que celui-ci put donner plus d'extension à ses affaires et produire des faïences plus soignées que celles de ses deux concurrents.

Nous connaissons quatre assiettes qui portent la marque de la fabrique de Bonnet, MB, Marie Bonnet, en noir sur couverte, ce qui prouve qu'elles ont été faites après 1776, après la mort de Bonnet. Ces assiettes ont appartenu à un des descendants de Bonnet, M. Duval, coutelier à Bergerac, et décédé depuis plusieurs années. Trois d'entre elles sont entre les mains de ses héritiers, Mmes veuve Duval, qui, avec sa fille, tient un magasin de lingerie à Bergerac ; M. Duval fils, qui a succédé à son père dans la maison de coutellerie; et une sœur de ce dernier habitant Bordeaux (1). La troisième assiette est conservée au Musée de La Rochelle auquel M. Duval père l'avait offerte (2). Ces assiettes sont très intéressantes parce que la marque qu'elles portent rend leur origine incontestable et qu'elles nous ont servi à identifier d'autres pièces de fabrication bergeracoise sans marque.

Les Duval descendent des Bonnet par le mariage de Marie Bonnet en 1786 avec un Feydit ou Feydès, d'Eymet, mariage qui a été la cause d'un gros scandale, d'après une lettre qui fut adressée le 16 décembre 1786 par le procureur-général du

---

très riche, très marchande et très peuplée ; il estime que, lorsque Louis XIII s'en empara et en fit raser les fortifications en 1621, on y comptait, y compris ses environs jusqu'à la distance de six lieues, plus de quarante mille calvinistes.

(1) Nous avons reçu le meilleur accueil auprès de Mme Duval et de son fils, à Bergerac, et auprès de Mme Duleau, à Bordeaux, et nous les remercions ici des renseignements qu'ils nous ont fournis sur leur famille et sur la faïencerie.

(2) C'est par suite d'une erreur qu'il a été imprimé dans le sous-titre de la planche de l'assiette à la tulipe, que cette assiette appartenait à Mme Duleau, de Bordeaux. Cette assiette, que M. Juganel nous a apportée, appartient à M. Duval, coutelier à Bergerac, un des descendants des Bonnet, les faïenciers de Bergerac. (N. D. L. R.).

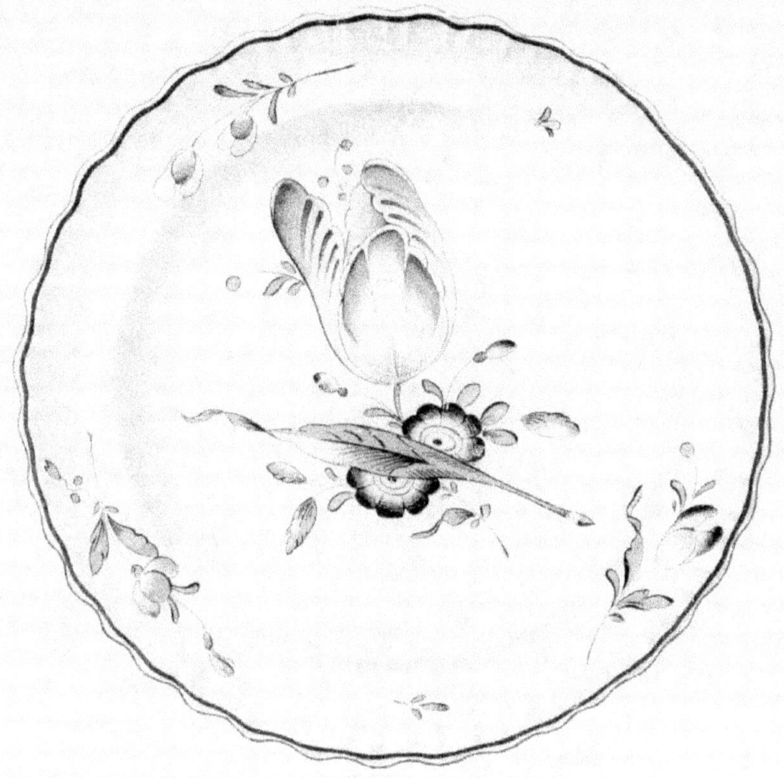

FAÏENCE DE BERGERAC

DE LA MANUFACTURE DE BONNET, MARQUE MB (1788)

Croquis pris par M. E. Labadie, le 7 mai 1909
sur l'original appartenant à Madame Duleau, à Bordeaux
une des descendantes des Bonnet
les faïenciers de Bergerac.

Parlement de Bordeaux, Dudon, aux maire et consuls de Bergerac :

« Je ne peux qu'être surpris, messieurs, du silence que vous avés gardé et de votre inaction au sujet de ce qui s'est passé le second de ce mois au mépris de la Religion, des loix de l'Etat et de la tranquillité publique. On a tiré le canon, on a battu de la caisse et joué des instruments pendant tout le samedi, la nuit comme le jour. Cette scène scandaleuse a duré tout le dimanche et jusqu'au lundi matin pour célébrer et honorer un mariage fait entre deux protestants, contre les loix de l'Eglise et celles de l'Etat. Est-ce donc là ce qu'on doit appeler la tolérance, ou plutôt, n'est-ce pas le comble de la hardiesse et de l'insolence les plus punissables ? J'entends parler du mariage du nommé Feydes, de la ville d'Eymet, avec la fille de la veuve Bonnet, marchande de fayances, à Bergerac.

Vous auriez dû prévenir ce scandale et punir sévèrement les coupables. Votre indolence et votre insouciance n'ont fait que les rendre plus hardis. Si pareille chose arrive jamais je déférerais votre conduite à la Cour. — Dudon » (1).

Les maire et consuls de Bergerac répondirent le 16 du même mois qu'ils avaient été avertis trop tard de cette affaire, pour avoir pu prendre les mesures nécessaires en temps voulu, que d'ailleurs elle avait été très exagérée et qu'il n'avait été fait aux époux Feydes qu'une simple sérénade selon l'usage. Quoi qu'il en soit, ces messieurs font savoir qu'ils ont sévi contre les auteurs de cette manifestation par la prison et quelques amendes, et qu'ils ont fait payer à la veuve Bonnet une amende de douze livres « parce qu'il nous a semblé que quoique cela eût été entrepris sans son consentement, elle paroissoit au moins l'avoir approuvé par son silence ».

Il nous a été dit par un des membres de la famille Vidal que le service de faïence, représenté de nos jours par les assiettes dont nous venons de parler, avait été fabriqué à l'occasion de ce mariage, et c'est pour cela, sans doute, qu'il porte la marque de fabrique MB. Le décor de ces quatre assiettes n'est pas pareil ; deux ont le décor à l'œillet et les deux autres à la tulipe ; mais la forme est la même, c'est celle

---

(1) *Les Jurades de la ville de Bergerac, tirées des registres de l'Hôtel de Ville*, 1892-1903, 15 vol. in-8°, t. XIII, p. 211.

dite calotte, aux bords contournés avec un filet rose sur la tranche du marli. L'émail est bien blanc et de bonne qualité, il n'est pas craquelé. Le coloris pour les fleurs est rose-lilas et pour les feuillages vert clair, le trait ou contour du dessin est violet manganèse. Il est évident que ce service, ayant été fabriqué pour la famille et pour un mariage, est plus soigné que la fabrication courante de cet atelier ; mais quoi qu'il en soit nous pouvons dire dès maintenant que ce qui caractérise les faïences bergeracoises de Bonnet, c'est cette couleur rose-lilas qu'on ne retrouve dans aucune autre fabrique, ce n'est ni le rouge vif de Strasbourg ou de La Rochelle, ni le rose pâle de Marseille. C'est de la faïence peinte sur cuit et cuite au feu de reverbère, comme les faïences de Strasbourg et de Marseille, et c'est cette cuisson au petit feu, qui a permis à ces fabriques d'obtenir ces rouges qu'on ne retrouve ni dans les produits de Nevers ni dans ceux du Sud-Ouest, comme Montpellier, Samadet et Bordeaux, qui ont été cuits au grand feu auquel toutes les couleurs ne résistent pas.

Ces quatre assiettes à la marque authentique de Bonnet nous ont permis d'identifier d'autres pièces sans marque, mais au coloris rose-lilas.

Nous avons vu encore à Bergerac, chez Mᵐᵉ Duval et son fils, deux plats, l'un ovale et l'autre rond, marqués également MB et sortant par conséquent de la fabrique de Bonnet, mais d'un décor tout à fait différent de celui des quatre assiettes dont nous avons parlé : le décor représente, au milieu des plats, une tête de femme et le coloris n'est plus rose-lilas, mais jaune ocre et bleu, et d'un style qui se rapproche de celui de la Révolution. Ces pièces qui sont assez originales rappellent par leur coloris jaune ocre certaines faïences de la Saintonge et de l'Angoumois.

A l'exposition de Bordeaux de 1865, section de l'art ancien, le docteur Delmas, originaire du Périgord, avait exposé, sous les numéros 749 à 751, trois pièces, un encrier, un masque (face de diable) et un huilier, attribuées à la fabrique de Bonnet, de Bergerac. Cette attribution devait être exacte ; car, après plus de trente ans nous avons retrouvé l'encrier chez un des fils du docteur Delmas, M. J. Delmas, médecin lui-même exerçant à Bordeaux, encrier ou plutôt petite écritoire décorée avec des filets et des oiseaux au coloris rose-lilas des assiettes de Bonnet.

Nous avons plusieurs pièces dans notre propre collection qu'on peut, sans hésiter, attribuer à la fabrication de Bonnet.

Ce sont des assiettes au perroquet, un plat rond avec, au milieu, un grand oiseau huppé, un solitaire, une très jolie saucière avec son plateau ; tous ces objets ont comme décor des oiseaux, décor que certains écrivains céramistes ont déjà attribué à Bergerac ; enfin un plat ovale très original, avec un sujet principal, genre Callot, représentant un mendiant à la jambe de bois, demandant l'aumône à un personnage richement habillé. Le coloris du décor est aussi rose-lilas, avec des verts clairs, le tout chatironné au trait violet manganèse.

Si nous signalons ici ces pièces, c'est que le Bergerac est très rare et n'est pas connu, on n'en trouve ni aux Musées de Sèvres ou de Limoges, ni à ceux de Périgueux ou de Bergerac, ni dans les autres musées du Sud-Ouest que nous avons visités.

Cette faïence de Bonnet est assez artistique par ses formes élégantes et son décor original ; elle peut être comparée, sans trop de désavantage, aux pièces de fabrication courante de Strasbourg, de La Rochelle ou de Marseille dont elle est certainement une imitation, et elle doit être très supérieure aux produits de Babut et à ceux de la troisième fabrique bergeracoise dont nous allons maintenant parler.

§ 3. — Faïencerie de Lacoste et Vié.

(1760-1789)

Nous avons dit dans notre paragraphe premier, sur la faïencerie de Babut, que sa fabrique était située d'abord dans le faubourg de la Madeleine, sur la rive gauche de la Dordogne, sur le bord de la rivière, à côté et en amont du pont, et que vers 1748 ou 1749 il transféra son atelier sur la rive droite, sur l'emplacement de l'ancienne Citadelle. De plus, nous savons qu'à la fin du xviiie siècle il existait, dans ce même faubourg de la Madeleine, une faïencerie dirigée par deux associés, Lacoste et Vié ; nous avons tout lieu de croire que cet atelier occupa le local abandonné par Babut, et cela peu de temps peut-être après son départ, car plusieurs auteurs désignent trois faïenceries à Bergerac, vers le milieu du XVIIIe siècle.

D'abord, dès 1765, ces trois faïenceries bergeracoises étaient déjà signalées, comme nous l'avons déjà constaté, par l'entrepreneur de la faïencerie de Prousac, près de Libourne, lorsqu'il demande à l'Intendant d'établir une fabrique dans cette paroisse « comme les trois manufactures de Bergerac » (1).

Lalapie, l'inspecteur des arts et manufactures, constate également, lorsqu'il passe à Bergerac en 1778, l'existence de trois faïenceries ; mais il ne mentionne que celle de Bonnet, il ne donne pas les noms des propriétaires des deux autres.

Ed. Garnier, dans son *Dictionnaire de la Céramique* a écrit : « Bergerac possédait en 1750 trois manufactures » ; mais il ne cite que celle de Babut. Celle-ci existait depuis 1742 ; mais celle de Bonnet ne fut installée que plus tard, vers 1760, comme nous l'avons vu, et quant à la troisième, celle du faubourg de la Madeleine, elle pourrait bien être contemporaine de celle de Bonnet. Ainsi, Garnier ne se trompe pas en signalant trois faïenceries à Bergerac ; mais elles ne fonctionnaient pas toutes les trois en 1750 comme il l'avance par erreur.

Enfin, le passage de la délibération du Conseil municipal du 8 février 1791 que nous avons déjà cité :

« Les trois manufactures de fayance, depuis le traité de commerce avec l'Angleterre, ont cessé toute espèce de travail »,

prouve bien que la troisième manufacture, celle du faubourg de la Madeleine, existait encore au début de la Révolution. Nous pouvons donc conclure qu'une faïencerie a fonctionné dans ce faubourg de Bergerac de 1760 environ à 1789.

Il peut même se faire que cette fabrique ait rallumé ses fours après la Révolution, comme beaucoup de manufactures, et ait travaillé encore au XIXe siècle ; car M. Gustave Charrier, l'an-

---

(1) Voir à la page 44.

cien archiviste de la ville de Bergerac, décédé en 1905, qui habitait en face de cette fabrique, sur l'autre rive de la rivière, nous a dit qu'il avait vu démolir ce qui restait des fours et en a même retiré quelques pièces de faïence dont nous parlerons plus loin. Il y a dans ce faubourg, non loin de l'église de la Madeleine, et par conséquent dans le voisinage de cet atelier, une rue qui porte encore le nom de rue de la Faïencerie.

L'existence d'une troisième faïencerie à Bergerac, dans le faubourg de la Madeleine, établie, il nous resterait à faire connaître les noms de ses propriétaires. Nous ne sommes, sous ce rapport, documenté que d'une manière très incomplète. Dans l'*Almanach de commerce de Bordeaux*, de 1779 à 1789, on lit qu'il y a une faïencerie à Bergerac dirigée par Lacoste et Vié ; l'almanach ne cite pas les deux autres manufactures ; mais comme nous savons que ces dernières appartenaient à Babut et à Marie Bonnel, nous pouvons en déduire que ces Lacoste et Vié étaient les directeurs de celle du faubourg de la Madeleine à ce moment. Mais nous ignorons vers quelle époque ces deux industriels prirent la direction de cette fabrique ; nous ne croyons pas qu'ils en furent les premiers propriétaires. Nous avons pu parler à un descendant de Vié qui habite Bergerac ; mais il n'a pu rien nous apprendre au sujet de cet atelier, si ce n'est que Vié venait de Montauban où il aurait été faïencier. Or, parmi les noms des faïenciers, peintres, mouleurs en faïence, cités dans l'excellent ouvrage de Ed. Forestié, *Les anciennes faïenceries de Montauban, Ardus…* nous n'avons pas rencontré le nom de Vié (1). On trouverait certainement des renseignements sur ces deux céramistes dans les anciens registres paroissiaux de Bergerac dont les répertoires n'ont pas encore été dressés.

Nous venons de dire que M. Charrier, l'ancien archiviste de Bergerac, avait trouvé, dans l'ancien local de la fabrique du

---

(1) Il y avait en 1788, à Bordeaux, deux demoiselles Vié, Marie et Anne ; elles achètent des meubles à Albert de La Belotte pour la somme de 2.000 livres (Contrôle des actes de la sénéchaussée de Bordeaux, *Archives dép. de la Gironde*).

faubourg de la Madeleine, quelques pièces de faïence avant sa démolition. Ces pièces, qui ne sont pas au Musée de la ville, mais qui ont été conservées par les héritiers de M. Charrier, nous avons pu les voir. Elles consistaient en un plat à barbe, une gourde et un petit baril. Le plat à barbe, de forme ronde, très lourd de pâte, était décoré de ces fleurs aux couleurs vives et sans demi-teintes, rouges et bleues, comme on en trouve partout dans les foires et les bazars, et on peut douter que ce soit de la faïence du XVIIIᵉ siècle. La gourde et le baril, d'un émail terne, très médiocre, étaient décorés de filets ocres et bleus, dans le genre des produits inférieurs de la Saintonge et de l'Angoumois. D'ailleurs, de l'avis de M. Charrier, cette faïencerie n'aurait fabriqué que du commun et très probablement de la poterie, ce qui lui aurait permis de vivre une trentaine d'années.

Des trois manufactures de Bergerac, celle de la Madeleine est la moins intéressante; mais, quoi qu'il en soit, nous regrettons de n'avoir pu fournir sur son fonctionnement et sur ses propriétaires des renseignements plus complets.

Avant de clore ce chapitre déjà trop long sur les trois établissements céramiques de Bergerac, il nous reste à dire quelques mots de quelques ouvriers faïenciers qui y ont travaillé, mais que nous n'avons pu exactement identifier.

Dans la lettre du 28 septembre 1758 que Babut, le faïencier de la Citadelle, adresse à l'Intendant de Bordeaux au sujet de l'affaire des casernes, il est parlé d'un sieur Boissière qui, « depuis trois ans, avait perdu au moins 2.000 livres sans avoir pu faire une belle pièce de faïence, ni connaître encore le défaut de son four ». Ce Boissière était-il faïencier à Bergerac ? C'est ce que Babut ne dit pas et c'est ce que nous n'avons pu savoir (1).

Dans nos *Notes et Documents sur trois faïenceries du Libournais au XVIIIᵉ siècle* (2), nous avons supposé que Michel Dumont, originaire de Toulouse et qui fut, de 1760 à 1762,

---

(1) Il y avait en 1745, à Bergerac, un sieur Boissière, régent latiniste.

(2) Bordeaux, 1909, in-8°.

directeur de la manufacture de Libourne, avait pu, avant de venir dans cette ville, travailler à Bergerac.

Dans ces mêmes *Notes et Documents*..., nous avons fait savoir que Michel Dumont avait fait allusion, dans un contrat qu'il passa avec le propriétaire de la fabrique de Libourne, M. Vande Brande, négociant bordelais, à un certain Perchin, faïencier à Bergerac, réputé pour la blancheur de son émail et l'habileté avec laquelle il peignait les fleurs.

Dans son *Guide de l'amateur de faïences*..., A. Demmin parle d'un nommé Joliet ou Jolivet qui, d'après un dictionnaire de géographie dont il ne fait pas connaître l'auteur, aurait dirigé une des faïenceries de Bergerac : « il paraît, ajoute-t-il, que la maison qu'il a fait construire existe encore ». Nous n'avons jamais rencontré ce nom de Jolivet ou Joliet dans nos recherches sur les fabriques de Bergerac. N'y a-t-il pas là confusion avec Vié, l'un des directeurs de l'atelier de la Madeleine ? (1).

Ris Paquot dans son *Manuel du collectionneur de faïences anciennes* (1877-78), cite aussi Jolivet, en le qualifiant directeur de la fabrique de Bergerac, et il donne de plus le nom d'un peintre Chaupin « qui abandonna cette usine (celle de Bergerac) en 1765 pour aller travailler dans celle d'Ardus et qui avait introduit à Bergerac les procédés pour faire le jaune obscur ou orangeat. On lui doit aussi différentes pièces polychromes, façon de Rouen ». On lit, en effet, dans l'ouvrage de E. Forestié, *Les anciennes faïenceries de Montauban, Ardus...* (1876) :

« Chaupin, dont l'origine m'est inconnue, mais sortait de la fabrique de Bergerac, apporta en 1765 les procédés pour faire le jaune obscur ou oranger, dont voici la formule : 9 onces minium, 9 onces antimoine non préparé, 8 onces rouille de fer ou potin cuit, 2 onces sel. Il décorait des pièces façon Rouen et polychromes ».

Il y aurait lieu de faire des recherches sur ces faïenciers qui ont été de passage à Bergerac, Boissière, Michel Dumont, Perchin, Joliet ou Jolivet, Chaupin, qui ont peut-être laissé quel-

---

(1) On trouve à Rennes, en 1775, un Thomas Jollivet, propriétaire d'une des faïenceries de la ville. Voir *Les anciennes faïenceries reaulstes*, par Lucien Decombe, 1900, in-8°.

ques traces dans les anciens registres paroissiaux de cette ville que nous n'avons pas eu le temps de compulser. Ces recherches bien dirigées pourraient donner des renseignements très utiles sur ces professionnels, en feraient certainement connaître d'autres et viendraient ainsi compléter notre chapitre sur les trois manufactures bergeracoises dont nous venons, pour la première fois, d'établir l'existence, les emplacements et les noms des propriétaires.

II. -- Faïencerie de Thiviers.

(1755 ? -1907)

Une série de pièces que nous avons trouvée dans le fonds de l'Intendance de Bordeaux va établir qu'il y avait à Thiviers une manufacture de faïence dès 1755. Nous allons d'abord publier ces documents : le premier en date est le brouillon d'une lettre du secrétaire de l'Intendance de Bordeaux, M. Duchesne, à l'Intendant de Bordeaux, Charles-Robert Boutin, alors en déplacement à Paris (1). Cette lettre n'est pas datée, mais d'après la réponse de l'Intendant que nous donnerons à la suite, on peut la placer à fin janvier 1761 :

L'entrepreneur d'une fayencerie à Thiviers avoit obtenu de feu M. de Tourny une ordonnance portant exemption de la milice pour le premier garçon de cette manufacture (2), avec l'exemption de logement de gens de guerre, pour luy mesme et de fournir son cheval pour la corvée. Le motif de ces exemptions est l'utilité de la manufacture dans le lieu.

Les consuls ont réclamé contre cette ordonnance prétendant que cette manufacture leur étoit plus préjudiciable qu'utile en ce qu'elle occupe beaucoup de bâtimens et qu'ils achettent la fayancerie plus cher qu'auparavant.

---

(1) Charles-Robert Boutin fut intendant de Bordeaux de 1760 à 1765. Il établit à Sarlat, avec le concours de Mme Gobert, une filature de coton dans l'hôpital général et une autre dans l'hôpital de Périgueux en 1765.

(2) Les de Tourny, père et fils, avaient été les prédécesseurs de Boutin à l'Intendance de Bordeaux, et, par conséquent, on ne peut pas se baser sur cette ordonnance pour faire remonter l'origine de la faïencerie de Thiviers bien au-delà de 1760.

Ces exemptions n'étant que de faveur, l'impétrant n'ayant point de titre, M. l'Intendant est prié de marquer ses intentions.

En marge de ce brouillon on a transcrit la réponse de l'Intendant qui porte la date de Paris, 1ᵉʳ février 1761 :

Je suis d'avis de maintenir l'exemption. Les consuls se plaignent à tort... Cette manufacture attire dans la ville des ouvriers qui n'y viendraient pas sans cela... C'est la première fois qu'une ville se soit plaint d'une augmentation de population et d'industrie...

Le 14 février suivant, l'Intendant de Bordeaux, toujours à Paris, faisait écrire aux consuls de Thiviers :

Aux consuls de Thiviers. — Paris, ce 14 février 1761. — Je n'ay pu, Messieurs, m'empêcher de confirmer l'ordonnance que mon prédécesseur avoit rendue au proffit du directeur de la fayencerie de votre ville, et j'ay été surpris des motifs que vous aviez employés pour en demander la retractation. Ny les bâtimens qu'il occupe, ni le prix qu'il peut retirer des ouvrages de sa manufacture ne peuvent préjudicier aux habitants qui ont la liberté de choisir des marchandises à meilleur compte que les siennes. Vous reconnoitrez facilement par la suite combien il vous seroit désavantageux de traverser une entreprise dont le succès doit augmenter la population, occuper des bras qui sans cela peut-être seroient demeurez oisifs, procurer la subsistance à de pauvres familles, animer l'industrie, exciter l'émulation et augmenter la circulation de l'argent par une branche de commerce qui ne peut manquer de contribuer au débouché des denrées du pays. Ce seroit donc entendre mal vos intérêts que de prendre en aversion un établissement dont l'utilité est incontestable. Vous devez au contraire en user envers l'entrepreneur et ses ouvriers de manière à l'encourager. Je suis...

Le même jour l'Intendant faisait écrire au subdélégué de Périgueux (1) :

A monsieur Eydely. — Paris, 14 février 1761. — Je joins icy, Monsieur, l'ordonnance que j'ay rendue en faveur du sieur Dubour-

____

(1) A cette époque, Thiviers n'avait pas encore de subdélégué, l'administration de cette région ressortissait à la subdélégation de Périgueux, comprenant Périgueux, Mussidan, Thiviers et Bourdeille ; il y avait même à ce moment deux subdélégués à Périgueux : en 1760, c'étaient MM. Maignol et Eydely, en 1761, MM. de Bastérot et Eydely, et en 1762, ce dernier était

dieu, directeur de la fayencerie de Thiviers. Je vous prie de la lui
faire passer ; mais en même temps, je désirerois avoir quelques
détails sur cette manufacture, sçavoir depuis quand elle est établie,
combien elle occupe d'ouvriers, à quoy en monte le produit, en quels
lieux on en transporte communément les ouvrages et s'ils sont de
bonne qualité. Vous me feriez plaisir de me donner ces éclaircissements et de me marquer s'il y a dans le Périgord d'autres manufactures de la même espèce. Je suis...

Nous ne connaissons ni l'ordonnance rendue en faveur du
faïencier de Thiviers à laquelle il est fait allusion dans cette
lettre, ni la réponse du subdélégué de Périgueux à la demande
de renseignements que lui adressait l'Intendant au sujet de
cette manufacture. On comprend combien un document de
ce genre eût été précieux pour nous, il nous eût fourni sur
les origines et sur le fonctionnement de cette fabrique bien
des détails qui nous manquent.

Nous n'avons trouvé que la lettre suivante adressée à
l'Intendant par le subdélégué de Périgueux :

Thiviers. — Subdélégation de Périgueux. — Nicolas Dubourdieu,
directeur de fayancerie. Ce directeur de fayancerie demande qu'il luy
soit permis de vendre en tous temps sa fayance dans la ville de Périgueux en payant les droits municipaux.

Vu la présente requette et la réponse des maire et consuls de Périgueux du 24 février 1761, sur laquelle ils s'en remettent à ce que
M. l'Intendant voudra ordonner.

Le soussigné est d'avis que la demande du sieur Du Bourdieu doit
luy être accordée par des raisons de bien public que l'établissement
de sa fabrique de fayancerie présente et dont Monseigneur l'Intendant
est pénétré plus que personne ;

Fait à Périgueux, ce 24 février 1761.

EYDELY, subdélégué.

En marge de cette lettre, on lit la réponse de l'Intendant
ainsi conçue :

Vu la réponse des dits maire et consuls, le supliant peut faire entrer

---

seul subdélégué. Ce n'est qu'en 1765 que Thiviers deviendra le siège d'une
subdélégation avec M. de Rochefort pour subdélégué, et plus tard on
adjoindra Excideuil à cette subdélégation. M. de Rochefort était encore subdélégué à Thiviers en 1789. (*Almanach historique de la province de
Guyenne*, Bordeaux, 1760-1793, 34 vol. in-24.)

en tout temps et exposer en vente dans la ville de Périgueux les ouvrages de sa fabrique en payant les droits, si aucuns sont dus. — A Paris, ce 4 mars 1761.

Pour en finir avec les documents, nous allons donner une lettre du directeur de la manufacture de Thiviers, qui est conservée avec les pièces précédentes, dans le même dossier des Archives départementales de la Gironde, et qui, à défaut d'autre intérêt, aura celui de donner une idée du degré d'instruction de certains industriels de cette époque et de l'orthographe un peu bizarre du faïencier tibérien :

Monseigneur,

Il jat plus de trois ans que Monsieur Magnol, votre supdélégué à Périgueux, mayent demandé des careaux de fayeance à foyé, je luy en envoyay cent trente neuf aresont de douze sols pièce, quy ce montent quatre veins trois livres huit sols, dont il m'a été impossible de me procuré le payement, quelle demende que j'aye fait ou fait faire. Mes ce quy me surprand davantage, ce que monsieur Magnol pandant sa maladie ne m'a pas compris dans l'état de ces dettes. Vous savez, Monseigneur, qun ouvrié a besoint du pris de sa marchandise, puisque cela forme toute sa resource pour vivre et pour ramplir ses engagemens, je ne pas voulou le faire assigner par respect pour une personne qui vous représente en calité de notre supdélégué et que d'ailleurs il ne me convien pas de plédé. Je vous suplie de vous interposer auprès de ce monsieur pour me faire payer, j'en ay besoin et je me esperse en confusion de vous importuné pour une misére que jatent depuis plus de trois ans. Cet une charité et une justice que vous exercerez en mainetems l'une et l'autre bien digne de vous. J'espére que vous y aurez quelque atenciont, de mon côté ma reconnesence sera aussy durable que le très profond respect aveq lequel j'ay launeur d'être, Monseigneur, votre tres humble et très aubeissant serviteur,

Du Bourdieu,

directeur de la fayancerie à Thiviere.

A Thivier, ce 24 may 1761.

Mgr l'Intendant.

Outre son style naïf et son orthographe fantaisiste, cette lettre a encore un intérêt, c'est de nous faire savoir que la faïencerie de Thiviers existait déjà depuis trois ans en 1761 ;

mais nous ignorons la date exacte de sa fondation qu'on ne peut guère faire remonter, croyons-nous, au-delà de 1755.

En 1778 la manufacture de faïence de Thiviers fonctionnait toujours. Voici ce qu'en dit, à cette époque, dans son journal de journée, l'inspecteur des arts et manufactures, François-de-Paule Latapie, que nous avons déjà fait connaître à nos lecteurs dans notre paragraphe sur les faïenceries de Bergerac :

10 mai, Thiviers. — La seule fabrique à remarquer à Thiviers est celle de faïence, remarquable par la beauté et la bonté de sa couverte en blanc. On y fait usage pour la couleur café de la pierre de Pérouse, qui est un véritable manganèse à bleu foncé et grain très dense, sous forme de pyrite et faisant feu avec le briquet. Pérouse est un bourg avec abbaye, à une heure de Thiviers. M. Desvergnes m'en a donné (1)

Cette pierre de Pérouse n'était pas autre chose probablement que ce minerai de manganèse qui abonde, paraît il, dans cette partie du Périgord. Joanne, dans son *Dictionnaire géographique de la France*, signale une mine de manganèse, qui a été longtemps exploitée, entre les communes de Thiviers et d'Eyzerac, et une autre a existé, nous a-t-on dit, dans la commune de Saint-Martin-de-Fressengeas, à onze kilomètres de Thiviers.

On sait que le manganèse est très employé en céramique, même à l'état de minerai, de pierre, pierre de Pérouse a écrit Latapie ; à l'état de peroxyde ou de sesquioxide il donne à la poterie commune au vernis plombifère cette belle teinte brune, couleur café, dont parle l'inspecteur des arts et manufactures. On se servait encore des oxydes de manganèse pour obtenir cette couleur violette, le violet manganèse, dont tous nos peintres en faïence du Sud-Ouest ont contourné leur dessin, en ont fait le trait. Dans les grands et superbes plats de Nevers de la bonne époque, ce trait est très prononcé, et il domine parfois les bleus.

Mais Latapie était plutôt botaniste que géologue ou minéralogiste ; il avait fondé le prix de la *Rosière* de La Brède, il étudiait de préférence les simples, et il a pu confondre le manganèse avec une autre pierre, dite pierre de Thiviers,

(1) *Archives historiques de la Gironde*, t. XXXVIII.

qu'on trouve un peu partout dans ce pays à l'état libre, qui est un silicate d'alumine ferreux, donnant un rouge vif, que les Dubourdieu ont exploité de tout temps et à laquelle ils avaient donné le nom de pierre rouge de Thiviers (1).

Latapie a pu prendre cette pierre pour un minerai de manganèse; mais ce qu'il y a de sûr, c'est qu'il y avait et qu'il y a peut-être encore dans cette région de nombreux gisements de cette pierre rouge de Thiviers. On lit dans le bel ouvrage de Du Broc de Segange, *La Faïence et les faïenciers de Nevers*, publié en 1863 :

« Depuis trente ans seulement, on se sert à Nevers d'une pierre ferrugineuse que l'on trouve à Thiviers, à six lieues de Périgueux. Cette pierre fut apportée pour la première fois par un sieur Boutet, peintre, qui avait travaillé à Thiviers. »

C'est certainement la pierre rouge des Dubourdieu.

D'ailleurs, dans cette partie nord du Périgord, il y avait non seulement du minerai de manganèse, mais surtout du minerai de fer, et de nombreuses forges y fonctionnaient au XVIIIᵉ siècle. On lit dans un rapport du subdélégué de Thiviers, M. de Rochefort, à l'Intendant de Bordeaux en 1788 :

« Le fer est très abondant dans la subdélégation de Thiviers et les forges sont d'un très grand avantage pour le pays. Elles aident beaucoup à la consommation du bois, qui est aussi très abondant, et dont on ne tireroit presque aucun parti, à cause de la difficulté des transports. Ces manufactures seroient encore plus utiles si les ouvriers y étoient plus instruits. Elles sont fort anciennes, on ne connoît ni l'époque de leur établissement, ni les titres en vertu duquel ils ont été formés » (2).

Et le subdélégué cite à l'appui de ce qu'il avance les usines ou *bouches à feu*, forges de fer, situées dans les paroisses suivantes : à Jumilhac, appartenant à M. Lacotte de Jumilhac; à

---

(1) Nous devons ces renseignements à M. E. Demarthon fils, propriétaire de l'importante manufacture de faïences et poteries de Thiviers et successeur, comme on le verra plus loin, du dernier des Dubourdieu. M. Demarthon a bien voulu nous fournir quelques détails fort intéressants sur cette pierre rouge de Thiviers, mais trop techniques pour pouvoir entrer dans notre cadre de travail. Nous tenons à lui renouveler ici nos remerciements.

(2) Archives dép. de la Gironde, série C, liasse n° 3366.

Chalusset, à M. Roux de Luçon ; à Ste-Marie, à M. de Villoutry ;
à Chaleix, au Cte de Jumilhac ; à Firbeix, au comte de Hasti-
gnac ; à La Ruë, à M. de La Ruë ; à Saint-Priest, au comte de
Brie ; à Angoisse, à M. de Marquessac ; à Dussac, au vicomte de
Saint-Linars ; à Saint-Médard, au marquis de Malet ; à Anlial, à
M. de Lisle.

L'année suivante, le sub-délégué de Thiviers, dans un autre
rapport daté du 27 avril 1789, signale la faïencerie de Dubourdieu :

« Il y a une manufacture de fayance à Thiviers. Il s'y fabrique
annuellement de 4 à 5.000 pièces. Cet établissement est on ne peut
plus avantageux pour ce canton : on y fait toutes les pièces qu'on peut
désirer et on remarque que l'émail est supérieur à celuy de toutes les
autres manufactures ; il s'y fabrique des pièces depuis trois sols jusqu'à
120 livres. Cette fabrique est connue par la beauté de l'émail qui est
employé » (1).

Dans tous les rapports des subdélégués à cette époque, celui
de Thiviers, comme ceux de Périgueux ou de Sarlat, on lit
que ces forges fabriquent des chaudières et de la poterie ;
mais il faut entendre par là de la poterie d'étain ou de fer ou
plutôt de fonte et non de la poterie de terre et encore moins
de la faïence.

La série de nos documents d'archives étant épuisée, nous
allons maintenant pouvoir donner, sur la faïencerie de Thiviers
et leurs propriétaires, d'autres renseignements qui nous ont
été très obligeamment fournis par notre confrère de la Société
historique du Périgord, M. Maisonneufve-Lacoste, habitant
Thiviers, et qui a pu recueillir ces renseignements sur place
et auprès des faïenciers eux-mêmes.

Nicolas Dubourdieu ou Du Bourdieu comme il signe, le
fondateur de la faïencerie de Thiviers vers 1755, serait originaire du Midi et aurait travaillé à Nevers, avant de venir
s'établir à Thiviers. La fabrique était située primitivement
au milieu de la ville, sur un emplacement occupé aujour-
d'hui par la maison de M. Farrand, banquier. Elle fut trans-
férée plus tard au lieu dit « L'Auberge de la Maison Neuve »,

---

(1) Archives dép. de la Gironde, C, n° 3596.

près de la Croix Saint-Roch, où elle était encore en 1907, appartenant à Antoine Dubourdieu, arrière-petit-fils de Nicolas.

Antoine Dubourdieu est décédé le 3 novembre 1907 et sa faïencerie a fusionné, après sa mort, avec celle de M. Démarthon, située à Thiviers, au lieu de la Croix Saint-Jacques et créée vers 1850.

Un oncle d'Antoine Dubourdieu, René Dubourdieu, fut propriétaire d'une poterie à Thiviers, au lieu dit de Saint-Roch, sur l'emplacement actuel de l'hôtel Lapeyronnie-Marcloix. Cette poterie a disparu depuis 1876.

Une autre poterie existait à Thiviers vers 1810, appartenant à Antoine-Dominique Eymery jeune. On y fabriquait aussi de la faïence et Hippolyte Dubourdieu, grand-père d'Antoine Dubourdieu, le dernier des faïenciers de ce nom, et fils probablement de Nicolas Dubourdieu, le créateur de l'atelier, fit faire défense à Eymery, son beau-frère, de fabriquer de la faïence.

Il y avait aussi à Périgueux, vers le milieu du XIXᵉ siècle, un Dubourdieu qui dirigeait une poterie au Pont-Vieux. Cette poterie existait encore en 1880. On nous a dit que ce Dubourdieu était de la famille des faïenciers de Thiviers. Il avait la plaisanterie facile et ayant été d'abord marchand de drap, il se plaisait à répéter :

« Moi je ne fais plus dans les draps, je fais dans les pots ».

La faïencerie de Thiviers a eu une existence qu'atteignent rarement les industries de ce genre ; elle a fonctionné pendant plus d'un siècle et demi, et on comprendra que pendant cette longue durée de temps sa fabrication a dû changer très souvent. Nous devons avouer que nous n'en avons vu aucun spécimen ; mais on doit en trouver, il nous semble, à Thiviers même. Il est plus que probable que cette manufacture a fabriqué surtout du commun, de la vaisselle courante et même de la poterie.

III. — Faïencerie du Bugue

(1778)

Le document qui nous a fait connaître l'existence d'une faïencerie au Bugue n'est pas inédit, il a été publié dans le

t. XXXVIII des *Archives historiques de la Gironde* et comme il a pu passer inaperçu dans une collection de 43 volumes, nous croyons devoir le rééditer ici : il ne sera pas déplacé dans un travail qui a trait aux faïenceries du Périgord au XVIII⁰ siècle.

C'est un passage du journal de tournée de l'inspecteur des arts et manufactures de la Généralité de Bordeaux, François-de-Paule Latapie, journal écrit en 1778 et dans lequel il nous a signalé déjà les faïenceries de Bergerac et de Thiviers. Voici ce qu'il a dit de cette fabrique :

« Il y a une faïencerie à moitié de chemin du Bugue à Sainte-Alvère. Elle n'a encore que de faibles commencements, parce que M. de Villars qui a fait l'entreprise a peu de fonds. Ils mêlent à l'argile une espèce de marne ».

On voit que Latapie n'a pas poussé ses recherches bien loin et il est probable que c'est sur de simples renseignements recueillis au Bugue qu'il a rédigé ces quelques lignes de son journal. Il ne nous indique pas l'endroit exact où était situé cet atelier et nous n'avons pu l'apprendre par ailleurs (1).

Sur des indications erronées qui nous avaient été fournies, nous avions cru d'abord que cette faïencerie se trouvait à Paunat, canton de Sainte-Alvère ; mais nous avons appris plus tard qu'il n'y avait jamais eu dans cette paroisse de fabrique de faïence au XVIII⁰ siècle ; on avait confondu avec une poterie créée en 1840 au village de Lafontenille (2). C'est le fils du fondateur de cette poterie, M. Linarès, propriétaire à Lafontenille, qui a bien voulu nous renseigner à ce sujet, en nous faisant remarquer que la faïencerie que nous cherchions pouvait bien avoir été établie à Saint-Avit-Vialard, qui est bien à moitié chemin du Bugue et de Sainte-Alvère. Malheu-

---

(1) Nous devons remercier ici M. A. Bonnet, directeur d'école au Bugue, M. E. Lafaye, maire de Paunat, et M. A. Larue, instituteur à Pezuls, qui ont eu l'obligeance de répondre à notre demande de renseignements.

(2) M. F.-J. Chantegreil, médecin-vétérinaire au Bugue, a bien voulu se livrer pour nous à une enquête à ce sujet ; mais ses recherches ont été vaines, nous ne lui en sommes pas moins très reconnaissant.

reusement, de nouveaux renseignements, pris par nous de ce côté, n'ont amené aucun résultat.

Il faut en conclure, croyons-nous, que si cette faïencerie, signalée par l'inspecteur des manufactures, n'a laissé aucune trace dans le pays, c'est qu'elle n'a eu qu'une existence éphémère et il n'y a pas lieu de s'en occuper davantage.

IV. — Faïencerie du Fleix.

(1788)

Le Fleix est aujourd'hui une petite ville de 1.200 habitants environ, canton de Laforce, arrondissement de Bergerac, sur la rive droite et à vingt mètres de la Dordogne, qui tourne à cet endroit à angle aigu du N.-O. au S.-S.-O., d'où viendrait, dit-on, le nom du Fleix, du latin *flexus*, flexion.

Le nom du Fleix est célèbre dans l'histoire par la conférence qui y fut tenue de 1578 à 1579 entre catholiques et protestants et qui amena entre les deux partis une trêve de deux ans.

Le Fleix ressortissait à la fin du XVIII° siècle à la subdélégation de Sainte-Foy-la-Grande, ville située en face, de l'autre côté de la Dordogne, à environ quatre kilomètres, qui appartenait alors à l'Agenais et fait partie aujourd'hui du département de la Gironde, arrondissement de Libourne.

C'est par un rapport du subdélégué de Sainte-Foy à l'Intendant de Bordeaux que nous avons eu connaissance de l'existence d'une faïencerie dans cette ville, à la veille de la Révolution. C'est un de ces rapports que les subdélégués avaient été chargés de faire à cette époque sur les manufactures de leur ressort et comme nous en avons déjà produit un du subdélégué de Périgueux sur les faïenceries de Bergerac (1). Ce rapport est un « Mémoire responsif à la lettre que M. Henriot, le subdélégué de Bordeaux, a écrite le 21 mars dernier (1788 ?) à M. Bellet, subdélégué de Sainte-Foy, de la part de M. l'Intendant » (2). Il concerne les villes de Sainte-Foy et du Fleix. Nous avons publié dans nos *Notes et Documents sur quelques*

---

(1) Voir à la page 46.

(2) Archives dép. de la Gironde, série C, liasse n° 1766.

anciennes faïenceries de l'Agenais et du Bazadais la partie de
ce Mémoire qui concerne Sainte Foy ; voici celle qui a rapport
au Fleix :

« Le sieur Bonnet exploite une fayancerie au bourg du Fleix à titre
de ferme pour raison de laquelle il donne 700 livres de ferme au sieur
Reclus, propriétaire de la maison et tous les effets qui y sont, servant
à l'exploitation de la dite fayancerie. Elle n'est composée que d'un
seul four et n'a seu me dire non plus que celui de Sainte-Foy, la quantité des objets de fabrication, qu'il ne faisoit tout au plus que douze
fournées, que la dépense pour chacune va, suivant lui, à 700 livres
de ferme, 115 livres de bois, 216 livres de matière dans chaque four-
née, pour la façon des ouvriers 72 livres, entretien et nourriture des
chevaux de 40 à 50 livres, compris l'achapt des terres et maneuvres
qu'on y employe, pour le transport de la marchandise à Bordeaux à
chaque foire, 100 livres compris les magasins, ce qui fait 200 livres,
le 12ᵉ 16 livres, l'ensemble monte 469 livres et son loyer par mois
montant à 58 livres, le total est de 527 livres et le produit de la vente
ne produisant selon lui que 500 à 550 livres, son compte ne présente
pas un grand bénéfice.

Il observe enfin qu'avant le traité de commerce avec les Anglais, il
faisait chaque année de 30 à 40 fournées, il n'en fait dans ce moment-
cy tout au plus que douze, la fayance anglaise portée à Bordeaux
pendant les foires l'emportant sur celles de France de beaucoup, en
sorte que n'ayant peu ou presque point de débit ny d'autre débouché
que Bordeaux, il a été dans la dure nécessité de restreindre ses fournées à douze, et encore ce n'est qu'avec peine qu'il peut s'en défaire
en diminuant le prix de sa marchandise, malgré cela tous ses magasins en sont pleins et qu'il se voit à la veille de quitter son entreprise
par le peu de bénéfice qu'il fait et qui l'a mis dans la plus grande
détresse.

Ce fayancier m'a dit qu'il employait la même espèce de bois que
celui de Sainte-Foy et que depuis quelques années il a augmenté de
plus d'un tiers, à cause des charrois, la disete des fourrages et la
cherté des grains.

Ce rapport n'est pas daté, mais il doit être de l'année 1788.
Il est fort intéressant parce que d'abord il établit d'une manière
certaine l'existence d'une faïencerie au Fleix à cette époque
et qu'il nous fait connaître les frais de fabrication d'un atelier
de ce genre. Il nous apprend de plus que cette petite manufacture n'était guère prospère à ce moment, qu'elle manquait

de débouchés, qu'elle n'avait pour débiter ces produits que les foires qui se tenaient deux fois par an à Bordeaux, où elle avait à lutter, comme toutes les faïenceries de la région, contre la concurrence des faïences fines venant d'Angleterre, et qui, depuis le désastreux traité de commerce de 1786, inondaient le continent et qui furent la cause de la décadence et de la ruine de beaucoup de fabriques françaises.

Nous allons pouvoir indiquer l'emplacement exact occupé par cette faïencerie : elle était située au bord de la Dordogne, à une cinquantaine de mètres du bourg du Fleix, sur la rive droite et à l'affluent d'un petit ruisseau portant le nom prétentieux de Charente et qui forme en cet endroit le port du Fleix-sur-Charente. Cet immeuble, qui appartenait au XVIII° siècle à un sieur Reclus, très probablement l'ancêtre des Reclus, les célèbres géographes qui sont bien originaires du Fleix, est aujourd'hui la propriété de notre confrère M. Amédée Grenier qui y habite.

M. Grenier nous a dit avoir trouvé souvent dans son jardin des débris de faïence et de poterie, et notamment des petits morceaux de céramique très durs ayant la forme de clous de girofle : c'est ce qu'on appelle en terme technique des pernettes, petites pointes en argile réfractaire servant à soutenir les assiettes et les plats dans les cazettes (1).

Dans la communication qu'il a faite à notre Société, dans la séance du 28 mai 1906, au sujet des faïenceries du Périgord, mais sans indiquer ses sources, M. Grenier a avancé que le Bonnet du Fleix était le même que celui de Bergerac. C'est là une très grosse erreur, puisque la faïencerie du Fleix n'a pu fonctionner qu'à la fin du règne de Louis XVI ; que Tite Bonnet, le directeur de la fabrique de Bergerac, est mort, comme nous l'avons vu, en 1776, et que c'est sa veuve, Marie Bonnet, qui a continué à exploiter la manufacture de Bergerac jusqu'à la Révolution. Il est vrai que Tite Bonnet avait laissé deux fils, dont l'un, l'aîné, né en 1761, aurait pu créer la faïen-

---

(1) M. Imbert, employé aux archives municipales de Bordeaux et originaire du Fleix, nous a fourni également quelques détails très utiles pour établir la situation exacte de cette fabrique et nous l'en remercions de nouveau.

cerie du Fleix ; mais les descendants des Bonnet de Bergerac nous ont appris qu'il n'y avait aucun rapport de parenté entre leur famille et les Bonnet du Fleix.

Quelle a été la durée de la faïencerie du Fleix, quels ont été ses produits ? C'est ce que nous ignorons. On nous a bien dit qu'on trouvait dans le pays certaines faïences communes, au décor grossier, aux couleurs très vives ; mais il est probable que ce ne sont que des pièces de fabrication moderne, qui sortent on ne sait d'où, et qui garnissent habituellement les boutiques des petits marchands antiquaires.

La notice que nous terminons ici, à la grande satisfaction sans doute de nos lecteurs, répond bien, croyons-nous, au titre que nous lui avons donné : en effet, nous n'avons fait que présenter des documents d'archives ou autres, en les accompagnant de renseignements pris sur les lieux et de commentaires indispensables. C'est tout ce que nous pouvions tirer de ces pièces inédites ; mais grâce à ces documents, nous avons pu établir pour la première fois qu'il y avait eu en Périgord au XVIIIe siècle six faïenceries au moins, trois à Bergerac, une à Thiviers, une autre au Bugue et une sixième au Fleix. De plus, nous avons pu donner d'une manière assez précise les emplacements occupés par ces fabriques, les noms de leurs propriétaires, la durée de leur existence. Il nous semble que pour un sujet presque inexploré jusqu'à présent et sur lequel on n'avait fourni que des renseignements inexacts, c'est un apport considérable et qui peut servir de base sérieuse à une histoire définitive des manufactures de faïence du Périgord.

Nous aurions voulu pouvoir rendre notre travail plus complet, en faisant connaître les produits sortis de ces fabriques ; mais cela nous a été impossible, comme nous l'avons expliqué. Nous avons dit que de toutes les faïences du Sud-Ouest celles du Périgord sont les plus rares et les moins connues ; on n'en trouve ni au Musée de Périgueux ni à celui de Bergerac, les Musées de Sèvres et de Limoges n'en possèdent aucune ; les collectionneurs du Périgord eux-mêmes ignorent complètement les produits céramiques de leur pays. Nous avons pu

désigner cependant quelques pièces de fabrication bergeracoise, quelques spécimens à la marque de la veuve Bonnet ;
mais cela est insuffisant, et on peut dire que l'identification
des faïences du Périgord, comme de celles de plusieurs fabriques régionales de second ordre, reste à faire ; elles n'ont pas,
il est vrai, une bien grande valeur au point de vue purement
céramique ; mais elles offrent un certain intérêt pour étudier
le mouvement industriel à cette époque dans le Sud-Ouest
de la France.

Au congrès de l'Union des Sociétés savantes du Sud-Ouest
tenu à Pau en septembre 1908, nous avons, dans une communication, signalé la pénurie de nos musées régionaux sous
le rapport de la céramique locale, et nous avons indiqué un
moyen pratique d'y remédier. Dans la séance d'archéologie
où nous avons fait cette communication et qui était présidée
par le distingué président de notre Société du Périgord, le
marquis de Fayolle, nous avons émis le vœu suivant qui a
été adopté à l'unanimité par les congressistes présents et
dont nous reproduisons ici les termes à titre de conclu-
sion :

« Les congressistes présents émettent le vœu que, dans chaque
musée de notre région, il soit formé une collection de faïences anciennes de fabrication locale et qu'on classe à part, pour les signaler à
l'attention des touristes et des amateurs, les pièces d'origine incer-
taine en vue d'en hâter l'identification ».

TABLE DES NOMS

TABLE DES MATIÈRES

PLANCHES

[illegible]

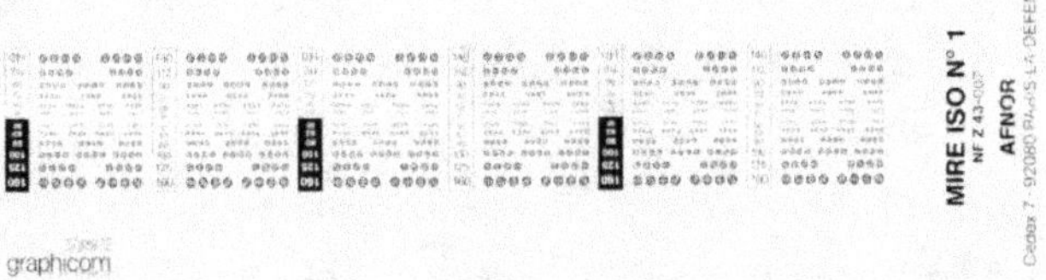

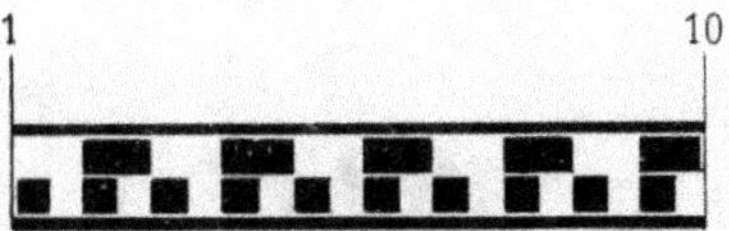

CETTE MICROFICHE A ETE
REALISEE PAR LA SOCIETE

MSB

1993